BRAND CAPITALIZATION

品牌资本

品牌价值、资产与资本化

徐雅丽——著

当代中国出版社
Contemporary China Publishing House

图书在版编目(CIP)数据

品牌资本：品牌价值、资产与资本化 / 徐雅丽著
. -- 北京：当代中国出版社，2022.11
ISBN 978-7-5154-1171-2

Ⅰ. ①品… Ⅱ. ①徐… Ⅲ. ①品牌—企业管理—研究
Ⅳ. ① F273.2

中国版本图书馆 CIP 数据核字（2022）第 024584 号

出 版 人　冀祥德
责任编辑　陈　莎
责任校对　康　莹
印刷监制　刘艳平
封面设计　马　帅　鲁　娟
出版发行　当代中国出版社
地　　址　北京市地安门西大街旌勇里 8 号
网　　址　http://www.ddzg.net
邮政编码　100009
编 辑 部　（010）66572180
市 场 部　（010）66572281　66572157
印　　刷　北京润田金辉印刷有限公司
开　　本　710 毫米 × 1000 毫米　1/16
印　　张　13.5 印张　1 插页　159 千字
版　　次　2022 年 11 月第 1 版
印　　次　2022 年 11 月第 1 次印刷
定　　价　78.00 元

推荐序一

“品牌，是企业的生命。”

作为业务主管，品牌是我们每天都会考虑的事，却不是每天都能看到结果的事。作为以结果为导向、以业绩为驱动的业务负责人，品牌应该怎么做？做成什么样？价值体现在哪里？怎样体现价值？相信和我一样，这也是很多企业决策者、创业者、管理者，每天都在思考的问题。

本书中，笔者的实践观点和理论梳理，或许能给寻求问题答案的我们一些启示和帮助。

很多时候我们都会说我们有多好，而忽视了市场的情绪和判断。好的品牌一定是最懂你的目标客户，有清晰和长期一致的品牌价值主张并和你的客户保持沟通和紧密的情感链接。

然而，想要做到这些，都是需要前期投资的。这是企业的决策问题。决策的动力和定力决定品牌资产能否沉淀，品牌价值能否长期体现。

怎样以一个投资者的视角，结合商业化和品牌的使命感，去考虑一个品牌的战略定位，为业务从短期、中期到长期构建一套不同阶段的“打法”，本书中就分享了一些案例，结合理论，希望读者能有所收获。

雷红雨

高德美 (Galdemar) 中国区总经理

前艾尔建 (Allergan) 中国区医疗美容事业部总经理

推荐序二

教学相长的过程，如果用来形容品牌，那就是品牌主、合作方、消费者之间互相沟通、汲取进步的过程。也只有把课堂和商业的实践结合，才能让品牌广告、营销传播的理论站得住脚，并在新的时代翩翩起舞。

《品牌资本》一书从理论的角度梳理了品牌构建的几大方面，又放在商业运作的视野，对为做品牌而做品牌提出不一样的观点。其中一些案例，包括改革开放以来国营品牌的自主创新，包括互联网发展、万众创业以来，企业拥抱资本，对品牌在新时代下的意义和对消费者关系的重构做的新尝试的分析，还包括对于品牌传播的新物种——IP 营销、跨界营销、社群营销等事件的“打法”梳理。本书集合了理论总结和实践案例分享，希望对广大学生、青年朋友和对战略品牌定位、品牌传播思考有研究的从业者们有所帮助。

受邀为本书作者——中国传媒大学广告学院客座教授徐雅丽作序，感谢徐雅丽女士为学校品牌传播、战略营销提供实践分享，也对在本书创作过程中提供帮助的同学、老师们表示感谢。

赵新利

中国传媒大学教授、博士生导师

海南国际学院 院长

推荐序三

品牌在今天已然不仅仅是一个 logo、一幅海报、一条 TVC(广告片)，或者一个产品组合那样简单直白，而是超越了功能性本身的情感联结。品牌被认知和认同它的人赋予了新的或者独特的精神内涵。

“品牌即是人，人也是品牌。”好的品牌故事是有个性的，像人一样；而一个品牌背后的管理者或者引领者，或者信奉品牌精神的员工，本身也是品牌不可分割的一部分，赋予了品牌极致内化的精神内核。就好比，Google 的人走出来，自带科技未来气场；Nike 的人走出来；各个运动精神小伙，小米的人走出来，彰显吸粉互动体质。

本书将品牌与人、人带品牌、个人品牌、品牌调性等概念，通过系统梳理，整理出包含个人 IP 打造、品牌精神塑造、品牌故事提炼、品牌传播要素的一系列理论，让品牌传播在互联网语境下的多维统一和故事呈现以一个综合的样貌展现，辅以一些作者本人和行业的一些实践经典案例，值得一读。

受邀为同行好徐雅丽的《品牌资本》作序，出于对品牌传播的热爱，也出于对本书分享的一些实际方法的认同，以及对品牌资产重要性的确信。

好的故事会说话，好的品牌会加分；同样，一个危机的事件也会让品牌承受难以承担之痛，特别是在资本和互联网加速了群众对品牌的解构认知的当下。

品牌资产之路，任重而道远，希望各位读者能和我一样，在本书中得到一些启示，继续“路漫漫，吾将上下而求索”，立足长远，成就未来。

郭为文

前携程集团市场传播、战略合作和营销创新总经理

周末酒店合伙人、CMO

推荐序四

"品牌创造增长。"

品牌是利润增长与企业持续发展的根本动力。不只是历史悠久的品牌需要维护基业长青，对于创业公司，同样需要立足长远，不忘初心，用消费者值得信赖、可以感知、可以触达的品牌构筑自己的"护城河"，构建自己长远的核心竞争力，为社会和需要的群体创造长期价值。

这是我深刻认同本书和作者的观点，也是我和团队构建企业持续发展的战略基石。

和笔者因共事而识，成为好友。本书中讲到将品牌资产化，融入财务设计和投资思维的尝试、分析和框架，将看似软性的品牌传播理念结合看似硬性的财务数据分析，却相得益彰。基于实践的思考，值得推荐；总结实践的真知，值得分享。

胡海迪 Eddy Wu

极目生物科技创始人

前言

在商业实践中，品牌通常被视为一种商品、服务或业务的“代言人”。人们常说，品牌之于企业，就如同压舱石之于大船，可以使大船在狂风暴雨来袭之时仍然保持稳定并持续前进。这个关于品牌作用力的比喻是非常贴切的。

优秀而强势的品牌会在较长的时间周期里，输出一以贯之的现实功能属性和对应的情感价值，进而得到目标消费者群体乃至社会大众的广泛信任。当这种品牌价值呈现与广泛信任建立关系之后，品牌忠诚度、品牌知名度和品牌联想就自然而然地出现了，由此形成了品牌资产。

当品牌不再仅限于一个 Logo 而发展成品牌资产时，它才会给品牌方带来稳定的现金流和丰厚的利润。同时，它也被赋予了更多变现与持续发展的机会。比如，通过品牌加盟的途径，收取品牌的特许使用费；在企业并购或投融资时，以品牌资产作价，以之冲抵一定比例的现金投入。

近年来，我们看到很多新兴品牌获得融资机会，而后迅速发展壮大。从根本上来说，它们之所以能够获得融资机会，恰恰是因为其品牌价值突出，在市场已经表现出一定的品牌忠诚度、知名度和品牌联想效果，在未来也具备一定程度的发展潜力，由此才吸引到了投资方的关注。甚至在企业经营出现困难之际，亦可以借助品牌资产的力量换取贷款、融资，为企业争得再拼一次的机会。

所以，建构属于自己的品牌，输出独特的品牌价值，打造雄厚的品牌资产，推进资本化运作，这是广大企业特别是中小企业必须要走的道路。在各行业实践中，已经有很多成功的探索，并形成了对应的方法论。本书着重从理论层面，帮助读者培养品牌价值管理与资本化运作思维，帮助广大企业实现国际化品牌运营的长远目标，有针对性地打造产品品牌、企业品牌、个人品牌、超级 IP，指导企业把握品牌运营要素和过程，分享可复制的小资本打造大品牌的方法，最终实现品牌价值、资产与资本化的良性运营。

“品牌创造增长”，品牌是利润增长与企业持续发展的根本动力。希望本书能在品牌经营方法上带给大家一些新的思路、新的观点，也能为您想要的增长带来更多可能性。

目　录

第一章

认知品牌资产

品牌资产是品牌知名度、品质认知度、品牌联想度以及品牌忠诚度等各种要素的集合体，是一种无形资产。品牌资产会影响消费者的购买行为，对于企业而言，品牌有利于凸显差异化竞争优势，产生更大的溢价空间；而如果把品牌效应应用到财务当中，还可以为企业创造更大的经济效益。

一、突出品牌价值，关注品牌势能的影响

任何产品都是有使用价值的，如果把产品使用价值作为品牌初始价值，那么，消费者还会在交易过程中对产品形成认知价值。品牌初始价值与消费者认知价值之间形成的正向高度差，即为品牌势能。品牌势能的存在，使得品牌具有了更大的影响力。

1. 认知品牌与品牌势能的作用力

在商业实践中，拥有品牌势能就意味着可以吸引更多流量，提高品牌的公众能见度、热度以及信任度，进而在销售、供应、金融资本、人才聚集等方面带来诸多益处。

2020年初，新冠肺炎疫情突然来袭。面对防疫物资短缺的困难，上汽通用五菱组建“950”项目组，在全国汽车生产企业中率先转产口罩。从提出自主生产口罩到第一批20万只“五菱牌”口罩正式下线，仅用了3天时间；从立项攻坚到自主生产的第一台全自动化“五菱牌”口罩机下线，仅用了76小时；100万只“五菱牌”口罩的交付，仅用7天时间。

当时，五菱有一句口号：“人民需要什么，五菱就造什么。”这句硬核口号所彰显的品牌使命与担当，随着数亿五菱口罩“只赠不卖”地向社会大众免费输出，“五菱”的品牌势能亦在此时达到了高光时刻。“五菱宏光MINI”汽车单月零售3.3万辆，是2020年国内唯一一款单月销

量破 3 万辆的新能源车型。2020 年 6 月，为刺激经济，“地摊经济”一时成为新风。就在这个大众摆摊创收的当口，“五菱摆摊神车”迅速亮相，一时间好评如潮，随之还拉升了五菱的股票价格。

显然，如果此时造摆摊车的品牌不是五菱，而是其他品牌，那么其产生的关注度和公众评价将是大大不同的。因为，品牌势能在潜移默化地影响消费者的品牌印象和使用体验，加深消费者对于品牌的记忆，增加企业黏性，提升品牌的口碑，从而促进转化为产品销量。

2. 借助品牌价值，撬动品牌势能

品牌势能并非凭空而来，不是仅凭借某次品牌广告或公关获得；而是需要品牌呈现自己的价值，并在时间和市场的作用下，实现品牌势能的逐步提升。那些知名品牌都是通过持续的品牌价值输出来撬动品牌势能的。

为了有效撬动品牌势能，企业可以选择多种方式去输出品牌价值，实现快速的市场渗透和消费认知占领。

（1）细分新型消费需求

在这个商业经济发达的时代，头部品牌几乎满足了大部分市场需求，各个品类的品牌序列是相对固定的，这对新生品牌的发展来说壁垒相对较大。新生品牌必须深入洞察分析消费者的细分需求，以品类创新打造价值突出点，以便在市场上取得一席之地。

如今，无糖饮料成为崇尚健康者的最佳饮品选择。而元气森林从“苏打气泡水”赛道切入，以宣传“0 蔗糖 低脂肪”的差异化产品，来重新定义气泡水品牌，迅速打开消费者的认知空间。2020 年 7 月，元气森林正式通过新加坡健康促进局（HPB）认证，获得新加坡 HCS 健康优选标识，正式进入新加坡主流渠道。2020 年，“双 11 购物节”元气森林在天猫和京东水饮品类的销量排名第一。截至 2020 年 11 月，元气森林已出口到澳大利亚、新西兰、新加坡、日本等 40 多个国家和地区。

元气森林的成功也给广大品牌推广者以有效的借鉴：如果一个品牌能够以新品类切入市场，从供应端到产品输出、消费体验，再到产品迭代，通过产品链条倍速运转和更迭，迅速找到能够撑起品牌的核心产品；那么，该品牌往往可以实现快速的市场渗透和认知占领，提升品牌势能，实现品牌增长。比如，李宁的再崛起、自嗨锅的持续走红，这些都体现出了市场需求的变化性，而任何变化都可能成为增加品牌价值的入手点和机会点。

（2）以产品链接消费者

提升品牌势能的重点在于提升消费者认知价值。如果能够把产品当作连接消费者的路径，聚焦社交互动链接，那么，消费者眼中的品牌价值也会自然而然地得到提升。

瓦片状雪糕钟薛高于 2018 年创建，号称是“一片慢慢品的雪糕”。从 2018 年上的第一款产品售价 66 元的“厄尔多尔粉钻”雪糕，近 40 分钟便达到了 5 万只的销售量，被称为“雪糕界的爱马仕”。随后，钟薛高又跨界，先后与泸州老窖、奈雪、五芳斋等品牌合作。

在营销方面，钟薛高陆续在小红书、抖音、快手等社交内容平台上发布“种草”内容，迅速深入年轻人的内心。待获得稳定人群之后，才开始通过广告来扩大知名度。

从品牌势能打造的角度，钟薛高是把雪糕当作连接消费者的路径，在社交性品牌体验中强化品牌价值输出，延伸和拓展消费场景，增强社交连接黏性，进而迅速成为社交货币式的网红品牌。在一众10元以内的雪糕冰激凌世界里，钟薛高敢于标出66元价格。钟薛高已先后获得真格基金、峰瑞资本参与的天使融资，天图资本、头头是道参与的Pre-A轮融资，由元生资本领投，H Capital、万物资本跟投的2亿A轮融资。

近年来，包括钟薛高在内的很多网红品牌之所以能够脱颖而出并创造商业奇迹，在很大程度上是借助了社交性品牌体验进行频繁式连接互动，激发社交传播力和影响力，快速提升品牌的认知价值，由此迅速拉升了品牌势能。

可以说，品牌势能是品牌动能发生时间复利作用的结果。有效地输出品牌价值，从本质上来说就是在为品牌积累动能。在此基础上，品牌才能在快速的时间复利作用下，实现势能提升。

3. 聚焦源点人群，高效打造品牌势能

毫无疑问，面对瞬息万变的世界，唯有品牌势能足够充足，才可以实现蓄力起爆，让品牌有能力调动消费者的情绪，持续保持“爆红”之势。而没有势能的品牌必然面临被快速淘汰的命运。如果不想掉队，那么品牌经营者们必须学会如何更高效地打造品牌势能，顺“势”而为。

要想打造良好的品牌体验，必须先行找到势能消费者。势能消费者来自源点人群。什么是源点人群呢？源点人群并非普通的消费者，而是在某些品类领域出现的高势能人群——他们可能是某些品牌的专家、重度消费者，即

人们常说的 KOL（关键意见领袖）。这部分人群如果对某个品牌表示肯定，愿意消费，便很容易辐射到目标消费群体，引发目标消费群体的关注并影响其购买决策。

喜茶是一个创立于 2012 年的新生品牌。作为一个中国新茶饮连锁品牌，喜茶是非常了解自己的源点人群的。喜茶的重度消费人群是以“90 后”为主的年轻消费群体，他们在购物消费的过程中更看重体验和消费的格调。所以，喜茶设计了高颜值的产品包装、精美的店面装修，集中国传统文化与创意创新于一体，再加上“排队营销”的运用，喜茶让消费者产生了强烈的拍照分享欲望，进而引发了消费人群的广泛关注。对源点人群的培养，让喜茶积蓄了品牌势能，使之具备了品牌超级“爆红”的资本。截至 2020 年 11 月，喜茶已在中国内地、中国香港以及新加坡超过 55 个城市拥有 660 多家门店。2021 年 7 月 13 日，喜茶刚刚交割完毕新一轮 5 亿美元的融资。

此外，源点市场的界定也非常重要。并非所有市场都适合打造“爆红”品牌。事实上，只有那些容易使新品类产品立足且便于未来发展的市场，才能被选择为源点市场。而源点市场的消费人群，其消费理念成熟，消费能力强，也更容易产生品牌辐射效应。

一言以蔽之，聚焦源点市场中的源点人群，分析其典型性的消费特征和心理需求，与之建立更加多元化、更有层次感的链接，输出独一无二的品牌价值。如此一来，品牌势能的打造才会更为顺利、高效，品牌“爆红”的周期才会更长。

二、延展品牌价值链条，持续打造品牌生态

品牌价值不仅呈现一系列有形的或功能性的特征，还呈现一系列无形的、情感方面的利益及“身份”标识，而后者恰恰是品牌打造长期竞争优势和消费者忠诚度的关键所在。在以产品为导向的时代，一款好产品即可树立起牢固的品牌形象；如今，则需要架构起内涵足够丰富的、更长的品牌价值链条，从消费者接触伊始，就向企业关联方及价值链后端延展，持续传递品牌价值，打造品牌生态，这样才能积蓄出更强大的品牌势能。

1. 定义向消费者承诺的品牌价值

准确定义向消费者承诺的品牌价值，规范品牌价值链条，这是积蓄品牌势能的一个点。品牌价值涉及的功能性利益包括产品功能、外观、质量、价格、标识、符号等；情感性利益包括专业服务、促销广告、品牌历史等。

在打造品牌生态圈的过程中，面向品牌所在产业链的上下游环节，做好垂直整合，协调各关联品牌之间的引流工作，让整合效应更好地为品牌背书，是有助于打造超级 IP、提升品牌竞争优势的。

（1）品牌价值与消费者需求的契合度

我们要确认一个问题：我们定义的品牌价值是否代表了目标消费者群体的长期需求，是否还有足够稳定的发展趋势和盈利空间？如果答案是肯定的，我们的投入才有可能创造预期的回报。

（2）合作伙伴对品牌价值的认可度

我们所定义的品牌价值是否得到了合作伙伴的认可？供应商、经销商、服务商都是企业的合作伙伴，也是品牌价值链上的重要链条。如果企业的品牌价值没有得到合作伙伴的认同，则意味着价值链随时可能断裂，品牌价值也可能随之下降。

这意味着，我们明确了基本的品牌价值定义之后，还要继续把握另外两个重点：一是深度把握消费者端，提升消费者对品牌价值的评价，这是提高品牌价值与消费者需求契合度的重点；二是强化与合作伙伴的关联，打造品牌生态系统，最大化地利用资源。

2. 向消费者端延展，推动品牌势能上升

对于品牌来说，消费者的认知度越高，品牌的势能就越大。一般来说，品牌的初始价值都是既定的，而要提高品牌势能，就需要借助产品体验、创意营销、优质服务等手段来向消费者让渡价值，从而提高消费者对品牌的集体认知价值高度。

以桂格麦片和王饱饱麦片为例，前者是一个有着 140 年历史的老品牌，而后者是一个创立于 2018 年的新生品牌。在 2020 年天猫“618”大促活动中，后者在线上直接甩开桂格等一众同类品牌，成为冲调麦片品类冠军。为什么这个新生品牌能够在百年老品牌和众多的麦片品类里脱颖而出呢？

我们知道，几乎所有燕麦片品牌都有一个基本价值：速食代餐。但是，王饱饱并未停留在这个基本的价值定义上，而是开创了“烘焙燕麦片”的新概念，将自己定位成一个好吃、潮流、无负罪感的食品品牌，由此把自身与传统燕麦片加以区分，完成了产品迭代，成为新一代人的选择。这就是王饱饱品牌的让渡价值动作，并由此提升了品牌势能。

当然，品牌势能是品牌和消费者之间相互造就的。而且，随着物联网时代的到来，品牌开始随着消费者需求而持续进化，从产品中心主义转变为消费者中心主义。如今，品牌不再局限于某个单一载体，而是打破了过去的生命周期限制，获得了更长久的生命机会。

所以，我们要不断地向消费者端延展，与消费者端进行有价值的沟通，以此推动品牌价值上升，并保持高势能状态。如果沉迷于闭门造车，那么往往会导致品牌势能一落千丈。

3. 覆盖诸多领域，打造品牌生态体系

新时代的到来以及高新技术的演进，给诸多企业品牌发展带来了极大的变化。对于经营者来说，必须慎重考虑新时代的到来可能给企业品牌带来的影响，以及企业应该如何去更大范围地延伸品牌价值链条。目前，很多企业已经对此展开了探索。

2018 年，海尔集团董事局主席、首席执行官张瑞敏首次提出“生态品牌”的概念，这是首次明确提出的物联网时代的创牌方式。这意味着，海尔生态品牌不再以单一企业为中心去参与市场竞争与发展，而是“通过多方共创共生的模式，去积极响应共享经济的呼唤”。

为了推进生态品牌的实现，海尔集团采取了“人单合一”管理模式。

在战略模式上，海尔集团的“人单合一”模式打破了传统科层制的牢固壁垒，使企业从过去界限清晰的封闭状态，转变为面向全球呈现开放状态的生态系统。在组织结构上，海尔集团从金字塔式科层制组织结构形式，开始转变为去中心化的网络组织结构形式，倡导员工转变为“创客”。在薪酬设计上，也从传统的企业付薪模式转变为消费者付薪模式，驱动员工主动去关注消费者的现实需求与潜在需求，由此海尔也得以精准地勾勒出一套消费者需求图谱。

如今，海尔的业务涉及智能制造、节能环保、区块链、大健康等多个领域，有200多个创业小微、3800多个节点小微、122万个微店，在全球范围内结合了5000多个一流资源方，已然形成了一个共生、互生、再生的品牌生态系统。

一般来说，品牌生态系统是一个由品牌、品牌产品、品牌持有者、供应商、销售商、最终消费者、合作伙伴、竞争对手、金融机构、社会公众以及品牌生态环境等共同构成的人工生态系统。品牌生态系统是以企业的品牌价值创造为核心，围绕品牌价值链的经营，最终形成一系列商流、物流、资金流、信息流等资源的有序流动。可以说，企业的品牌价值会随着品牌价值链的成长，逐步发展为品牌个体生态系统的品牌价值。这也是我们强调打造品牌生态覆盖与系统化建设的根源所在。

三、品牌资产转化，推动品牌资本化的进程

赋予品牌被市场认可的价值，才能使之变成品牌资产；而如果品牌被应用于财务之中，则可以作为一种资本，为企业带来稳定的现金流和利润，获得更高的财务收益。所以，如果能把品牌作为资产来经营，推动其资本化进程，那么对于品牌以及关联方来说无疑是一种有效提升价值的发展方向。

1. 所有品牌都有价值，但并非都有高价值

在商业实践中，只要存在产品实体（或服务）且实体（或服务）背后有对应的管理者，那么就存在品牌。品牌之于产品实体（或服务），就如同名字之于个人，相当于一个识别符号。每个人都有其存在价值，但是并非所有人都是广为人知的。品牌也是如此。

每个品牌都有价值。但是，并非所有的品牌都有较高价值，也并非所有品牌在社会大众的眼中都有正面的口碑影响或广泛的社会知名度。而从品牌资产转化的角度来说，对高价值品牌进行资产转化的难度会相对小一些。

然而，在实践中，一个高价值品牌的树立，绝非一朝一夕之功，而是需要较长时间的持续积累。虽然我们也可以借助先进的营销手段，在相对短的时间内快速提升品牌价值，但其背后投入的资源是极为庞大的，操作过程也相对复杂。一旦营销过程中出现较为严重的失误，往往会使之前的努力化为乌有。

很多具有较长历史的品牌自傲于品牌的历史年份，恰恰是源于此。特别

是那些存在了上百年的品牌，往往有着独特的品牌价值和丰富的经营经验，这才使其在经历了若干轮消费者选择之后，仍能在市场上占据一席之地，且赢得了市场消费者更加深厚的信任。这样的优质品牌才会成为“品牌资产”。而“品牌营销”的重点便在于整合市场资源，呈现品牌的高价值输出，让品牌有机会转化为品牌资产。

2. 打造品牌价值，让品牌成为品牌资产

品牌价值是基于品牌本身而言，品牌资产则是消费者对品牌的认知，是与品牌关联的实体与营销活动给消费者造成的心理事实。在业内，品牌资产通常被划分为三大要素，分别是品牌忠诚度、品牌知名度和品牌联想。

（1）品牌忠诚度

品牌忠诚度是用于衡量消费者是否忠诚于某品牌的重要指标。一般来说，品牌忠诚度越高，消费者转用其他品牌产品的可能性就越小。

品牌忠诚度是品牌资产的核心要素。如果消费者购买产品时只考虑功能、价格、便捷性，对品牌名称却不以为意，这实际上意味着该品牌随时都可以被同类竞品代替，自然也就谈不上“资产”。但是，如果其他竞品在功能、价格、体验等方面表现突出，但消费者仍然坚持选择某品牌产品，那么其品牌资产是非常可观的。

品牌忠诚度具有两个重要价值：一是品牌忠诚度能使品牌企业具有更强的话语权。比如，很多超市的工作人员往往会将蓝月亮、超能之类的品牌摆放在较为明显的位置上，因为倾向于品牌的消费者会直接选购这类知名品牌；如果超市里缺少这个品牌，消费者会转向其他超市选购商品。二是品牌忠诚度还会帮助企业降低营销成本。一般来说，新品牌刚刚上市时会通过赠

送试用装、大力度折扣、促销等方式来推广，取得消费者的初级关注。即便如此，新品牌也很难抓住那些偏好老品牌的消费者。而具有高价值的老品牌往往并不需要再花费太多的成本去做营销推广工作。虽然也会在购物节开展促销活动，但由于其消费者信任度较高，老消费者又会在无形中为之免费推广，所以，其促销活动力度可能无须太大即可迅速吸引到消费者。

（2）品牌知名度

所谓“品牌知名度”，指消费者在大量的同类品牌中一眼就能认出或者想起的能力。知名品牌会给消费者一种相对熟悉的安全感。即便是较为理性的消费者，在购买产品时也会在产品特性的基础上，自然而然地选择那个品牌知名度较高的产品。

此外，品牌知名度也体现企业的实力。在面对知名品牌时，人们会本能地判断：既然这家企业投入了那么多经费去推广，那么它必然具有雄厚的实力。实力本身会让人产生信任感、可靠感、安全感。这也是影响人们作出消费决策的一个重要因素。

（3）品牌联想

品牌联想是消费者对品牌的一种印象。人们最直接的品牌联想，可能只是品牌符号、品牌代表人物，也可能是品牌产品带来的某种功能性、象征性或体验性的利益，抑或是对品牌的总体态度与评价。

比如，我们在提到手机时，常常会认为 vivo 手机适合年轻人、华为手机适合商务人士、苹果手机适合崇尚先进技术体验的人群。再比如，提到小米，会想起性价比较高的手机，会想到雷军；提到空调，就会想到格力，想到董明珠……这实际上都是品牌联想产生的效果。

不同的品牌会使人们产生截然不同的联想，带来差异化的竞争优势，由此形成不同的消费者群体差异，从而创造出不同的市场份额和财务贡献。实际上，国际市场上的很多顶级品牌都是品牌联想效果较好、消费者忠诚度高和知名度较高的品牌。因此，这三个要素也被视为品牌资产打造过程中的重点控制要素。

3．选择恰当的模式，推进品牌资本化

品牌资本化是把品牌应用到财务中，让品牌作为一项经营资本，产生预期的财务收益。要想推进品牌资本化，一般可以选择三种模式：一是收取品牌的特许使用费；二是将品牌资产计入股本之中；三是将品牌用于融资运作。

（1）向品牌加盟企业收取特许使用费

在商业运作中，加盟企业使用品牌是有偿的。对于品牌企业来说，收取特许使用费在国际上是较为通行的一种做法。部分企业会将其某一方面的生产和经营权销售给其他企业，以此获取品牌收益。比如，一些集团对集团内的控股公司，按照商品件数来收取品牌使用费；还有一些企业把部分产品的生产和经营权拍卖出去，只要加盟企业的技术指标达到这些企业要求的标准，即可进入市场销售。

（2）将品牌资产计入股本之中

在企业兼并与收购过程中，品牌是可以作为无形资产被计入股本中的，通常可以占到公司股本的 20%，最高时甚至可以占 35%。在资本扩张过程中，一些企业往往与对方商榷（将品牌资产计价为多少），然后将约定的计价结果注册到被并购企业的股本中。

此外，在本国企业与外资企业进行合作的过程中，也可以用自己的品牌

来对抵对方的无形资产。假设对方是国际知名品牌，我方是国内知名品牌，而合作的产品又主要在国内销售，那么两个品牌的购买驱动力是相近的。此时，双方的品牌资产就可以按照相同的比例被计算到股份中或直接抵消掉。

（3）将品牌用于融资运作

品牌融资的一个突出表现是在金融授信方面。若企业经营良好，拥有强大的品牌效应，金融机构在不需要企业抵押具体资产的情况下，即可授予品牌企业以一定的贷款额度。而如果品牌不够强势，无力支撑持续经营，那么金融机构往往不会授予足够的信用和贷款额度。

还有一种品牌融资是借助外界的成熟资源，将自身品牌与其他品牌或资源进行有效的捆绑和嫁接，以此达到获取更多可利用资源（如资金、技术）、提升自身品牌形象和市场竞争力的作用。特别是很多中小企业品牌，常常借助融资过程，扩展企业规模和可用资金，同时也可以通过媒体提高本品牌的知名度。

2021 年 4 月，小米正式宣布进入造车领域，此举使之获得了在科技板块、汽车板块乃至广大消费者圈中的巨大关注度。在世人眼中，如今的小米集团已经成为一个庞大的资本帝国。

小米的起家，是从智能手机开始的。小米最初之所以受到年轻消费者的喜爱，其中一个重要原因就是，小米让消费者主动参与价值创造过程，根据消费者使用、体验过程中提出的各种问题，进行系统软件的迭代和产品功能的改进。对消费者而言，这是一种前所未有的消费吸引力。

后来，小米的产品业务从手机领域向手环、移动电源等周边产品延伸，再到电视、电饭煲、空气净化器等智能家居，还有电动牙刷、毛巾等日常生活用品……小米通过不断进行生态布局，将触角伸到了各行各业中。小米适应时代与未来发展的自我定位，以及持续的投入与创新，使之保持稳定的价值收益与营收增长。

2018年，小米在香港上市，走向了资本化的道路。2020年，小米营收达到2459亿元，净利润高达130亿元。在2021年“全球上市公司2000强”排行榜上，小米公司列第222位，排名较2020年上升162位。

当品牌实现了资本化运作之后，企业不仅会获得更多财务收益，抗风险能力更强，同时也可以推动品牌价值发展，扩大品牌影响力。可以说，从品牌价值创造与输出，转化为品牌资产，再到实现资本化运作，这是品牌强势发展的必经之路，也是一个逐步递进的发展过程。

四、把握品牌资本化的基本架构与要素

品牌资本是如何架构起来的呢？对此，我们要重点把握两个方面：一是对品牌主体——产品品牌、企业品牌、个人品牌、品牌 IP 的打造；二是重视对品牌运营要素的把握以及对品牌投入与产出的评估，持续强化品效相合的效果。

1. 产品品牌、企业品牌、个人品牌与品牌 IP

产品品牌以某款产品为主体，以有别于竞争对手的标识，构成独特的市场形象，成为企业的无形资产。产品品牌的品牌势能体现为产品的市场占有率，消费者心中的知名度与好感度，以及与产品品类的关联度。比如，提及洗衣液或洗发水时，人们会自然而然想到某一款产品，下单选购或向他人推荐，这就是产品品牌产生的势能效应。

企业品牌指以企业名称为品牌名称的品牌。企业品牌会传达出一个企业的经营理念、企业文化、价值观念及对消费者的态度等。企业品牌的存在可以有效突破地域之间的壁垒，进行跨地区的经营活动。企业品牌的品牌势能是在公众中的能见度、热度以及信任度。比如，人们在提到华为公司时，会自然而然地想到“以消费者为中心，以奋斗者为本，长期坚持艰苦奋斗”的企业价值观，自然而然地信任其产品和问题解决方案。

个人品牌是个人通过外在形象和内在涵养所传递的鲜明、确定、易被感知的信息集合体。个人品牌势能体现为在社会大众层面的广泛关注与热度、

清晰独特的人格标签、对应社交圈的口碑。个人品牌具有改变消费群体认知与决策的效能。个人品牌的直接呈现者通常是一个人，但是其背后隐藏的可能是一个团队。

品牌 IP 是品牌所独有的知识产权，如外观设计、文学作品和艺术作品，以及在商业中使用的标志、名称、图像，都可以成为品牌 IP。目前，应用最为广泛的要数卡通形象超级 IP。像 Hello Kitty、米老鼠、迪士尼公主等卡通形象，早已被应用于很多领域。虽然这些卡通形象已经存在了几十年，却仍然具有强大的吸粉能力，创造着一波又一波红利。

2．关注品牌投入与输出，把控品牌资本化运作过程

品牌运营过程中投入的各类资源都属于品牌投入；而消费者获得的品牌产品实体和品牌体验则属于品牌输出。从品牌投入到品牌输出的过程，就是品牌运营的过程，也是品牌资本化运作需要重点把控的部分。

在品牌运营时，必须把握好运营的四大要素，分别是消费者需求、创意设计与执行、品牌展示、渠道营销。精准地把握消费者需求，才能有的放矢地界定品牌卖点；创意设计与执行是品牌打动人心的关键；具有深度的品牌展示，是链接品牌与消费者的重要途径；渠道的选择是品牌与更广泛的消费人群建立关联的关键所在。

对于品牌运营过程的把控，则要强化价值转化目标。在这方面，要特别重视市场变化，确保品牌的与时俱进；着力强化品牌曝光闭环过程中的各个细节，这样才能提高价值转化率；活化品牌现有存量，促进品牌变现效应。当然，规避品牌风险也是品牌运营过程的重点之一。如果对品牌风险预测不力或处理不当，都可能导致品牌迅速衰落，自此销声匿迹。

在全球化数字经济时代下，智能化元素对于品牌运营来说是一个强大的加持力量。从品牌营销角度来说，可以借助大数据、人工智能等高科技手段，为品牌市场预测和营销过程进行更精准的把控；从品牌产品设计角度，加入了智能化元素的产品，其品牌含金量无形中得到了提升。故而，如何规划和应用智能化元素，应被视为品牌运作过程中的一个重要方面。

品牌价值评估是品牌资本化过程中的重头戏。品牌价值具有用货币金额表示的“财务价值”，是打造品牌资产和资本化运作的基础。因此，必须对品牌价值产出作出准确有效的评价。对于投资方来说，他们需要根据品牌价值与溢价程度，来判断投资风险系数。而对于品牌方来说，则可以依据品牌的现有价值，有针对性地提升品牌价值；必要时，重塑品牌，选择恰当的方式去激活沉睡状态的用户或消费者，为品牌资本持续加码。

NEIWAI 内外（以下简称内外），成立于 2012 年，是一家专注于女性内衣、家居便服、运动三大品类的国际化生活美学品牌。2011 年，内外品牌的创始人、出身内衣世家的刘小璐去纽约旅行时遇到了一位 70 多岁的老妇人。她说，她从 20 几岁开始穿着同一个内衣品牌，50 年来从未换过。这次对话给刘小璐的品牌思路带来了很大的启发。

2012 年，刘小璐从女性视角出发，以身体舒适度为最高追求，强化品牌差异，由此形成了内外品牌的独特定位。她将内外的目标人群设定为一、二线城市的新中产阶级女性——这批早期用户给内外确定了品牌基调。

为了打造出符合预期目标的品牌产品，内外集结了一支国际化的设计团队——设计师们都是来自世界顶尖的设计学院，同时与国内外经验丰富的一线生产供应商进行深度合作。2013 年，内外品牌的标志性产品——“零感”系列内衣诞生，并迅速拥有了自己的忠诚消费群体。

2017 年，内外将品牌营销渠道的重心延伸至线下。因内衣价格很难拔高，内外遭遇了客单价较低的问题。为此，内外决定调整品牌产品策略，陆续推出家居便服品类、运动品类，并赋予了产品多场景的适应性设计。目前，内外线下的客单价是线上的 4 倍左右，平均每单的购买数量也在 4 件左右。

事实上，内外自品牌创立以来，一直将经营的重点放在品牌产品研发方面，这使之具备了强大的品牌产品力，而在品牌营销上相对弱一些。直到 2018 年，内外决定推出品牌代言人。首位代言内外品牌的是国际超模杜鹃，其优雅素净的形象完美契合了内外产品的舒适优雅气质，在高知女性中产生了极好的反映。2020 年，王菲出任内外的全球代言人，其独立个性的特质深度演绎了“一切都好 自在内外”的品牌内涵，使内外所承载的品牌文化被传播到更广泛的消费群体中。

独特鲜明的品牌观念直击消费者内心需求，高品质的品牌产品价值以稳定状态长久输出，这都在无形中给内外带来了更大的市场认同度，同时也使内外获得了品牌资本化的实现机会。事实上，内外的品牌定位、品牌势能表现非常鲜明，发展潜力极大，这使之很快吸引到了投资者的目光。

早在 2015 年和 2016 年，内外分别获得了真格基金的 Pre-A 轮融资和启赋资本领投、真格基金跟投的 A 轮融资。知名投资人、真格基金创始人徐小平对内外品牌给予了极大的关注。徐小平说：“我深信，未来一定会诞生中国创造的世界级品牌。品牌创始人小璐深得家传，内外的产品从设计、选材到包装，都很有味道。”2021 年，内外品牌已经完成了 1 亿美元的 D 轮融资，内外也将实施更进一步的品牌布局和突破。

从 NEIWAI 内外内衣品牌的发展历程来看，品牌经营者在品牌创立与建设过程中必须始终明确自己的核心竞争力，以鲜明的品牌价值观念注入品牌产品，从而建立与目标消费者一致的品牌认知度，更有力地抢占和保障品牌市场的占有率，构筑目标契合的高价值品牌。

在这个过程中，也需要考虑资本的进入时机，使之为品牌发展发挥推波助澜的作用：让品牌获得更多的探索与创新机会，更高水平地呈现其品牌价值，并由此获得更大的品牌价值回报。事实上，这也是投资者们在投资决策之初必须深度思考的一个问题。

第二章

产品力为王，链接消费者，打造产品品牌

打造产品品牌，必须关注两个重点：一是产品本身，产品必须在质量、功能等方面有保障，满足消费者的现实需求和潜在需求，这是打造产品品牌的基础；二是产品与消费者之间的有效链接，让消费者感受到产品对于自身的有效影响，这是产品品牌发展的保障。

一、打造产品力，夯实品牌的核心竞争力

在日常生活中，很多消费者之所以愿意选择或长期使用某个品牌的产品或服务，往往是因为该品牌的产品或服务为消费者提供了使之满意的体验。这也意味着：必须打造产品力，在这个基础上再去打造品牌。

1. 以产品内在质量为基石，强化消费者信任度

消费者对品牌保持信任的态度，这是促使其产生消费行为的基础。而品牌信任关系的维系，必须以过硬的品牌质量作为有效支撑。如果某个品牌的产品爆出质量问题甚至频繁爆出质量问题，那么这个品牌将面临巨大的信任危机。

在过去很多年里，日本品牌产品在国际上打造了“价格便宜、质量过硬、性价比超高”的品牌印象。其中，日本丰田汽车一度位列世界汽车销售排行榜之首。然而自 2009 年底开始，丰田汽车频繁爆出质量问题，在短短数月里，全球被召回汽车高达 800 多万辆，甚至远远超过了其 2009 年年度全球总销量——698 万辆。当时，有人大致统计了丰田车在此阶段里的召回情况，如表 2-1 所示。

表 2–1　丰田汽车的召回情况统计

时　间	地　区	数量（万台）	涉及车型	召回原因
2010.2.9	日本	22.3	新普锐斯、SAI、雷克萨斯 HS250h、普锐斯 PHV	制动系统故障隐患
2010.2.7	日本	—	SAI 和雷克萨斯油电混合动力车	刹车系统故障隐患
2010.2.5	俄罗斯	16	雅力士、Auris、卡罗拉及 RAV4	油门踏板故障隐患
2010.2.5	英国	18.0865	IQ、Aygo、YARiS、Auris、卡罗拉、Avensis 及 Verso7 款车型	油门踏板使用不便
2010.1.28	中国	7.5552	RAV4	油门踏板故障隐患
2010.1.21	美国	230	凯美瑞、RAV4、卡罗拉、汉兰达等	油门踏板故障隐患
2009.12.24	中国	4.3023	RX350、ES350、汉兰达	VVT–i 机油软管内壁破裂、机油软管漏油
2009.11.25	美国	426	凯美瑞、亚洲龙、普锐斯、ES350	脚垫滑动卡住油门
2009.8.28	美国	9.57	ScionxDs、Matrix、卡罗拉	刹车底盘问题导致刹车失灵
2009.8.25	中国	68.8314	凯美瑞、雅力士、威驰、卡罗拉	电动窗主控开关发热、短路、熔损
2009.7.30	日本	7.1319	卡罗拉 Axio	无级变速器缺陷

这一阶段质量问题的爆发，使丰田汽车沦为“召回大王”，造成巨额财务亏损，消费者对丰田汽车品质的信任感也开始动摇……之后的十年，消费者在谈论和购买丰田汽车乃至日本汽车时，仍然会在质量和安全方面存在顾虑。直到 2020 年，丰田集团才在多年努力下得以重回世界销量首位。产品质量问题之于品牌信任与品牌市场的影响程度，由此可见一斑。

在这个市场资源越来越丰富的时代，消费者对于同类产品的可选择空间越来越大。人们也越来越认可质量好的产品（服务）的品牌，越来越关注其使用价值。因此，一旦产品质量出现问题，那么消费者往往毫不手软地给该品牌打下差评标签，甚至作出拒绝再次购买的决策；同时，该品牌的差评口碑会由此传播开来，且在很长一段时间内难以摆脱。

所以，企业要确保可以提供品质良好的产品（服务），这样才能得到消费者的认可和信赖，为企业塑造正面的形象，强化品牌的公众信任度，同时提升品牌的市场竞争力。从开始就保持品牌的质量优势，比半路曝出质量问题而后再挽回，要容易得多。

2. 主动与消费者建立链接，有效触达消费者的质量需求

主动与消费者建立链接，满足消费者对产品本身的现实需求，获得更多的忠诚消费者，是非常有助于打造产品品牌和持续扩大市场份额的。通常，企业可以从两方面着手实现这一目标：一是感知消费者的需求是什么；二是让消费者参与产品规划过程。

（1）通过信息触角感知消费者的质量需求

企业可以以数据信息为触角，来准确感知消费者对产品质量的需求。对此，企业可以通过四个步骤逐步推进。这四个步骤包括获取消费者（Acquisition）、激活消费者（Activation）、提高留存（Retention）、增长收入（Revenue），简称“AARR 四步法”。下面我们以一个 App 为例来说明 AARR 四步法，如表 2–2 所示。

表 2–2　App 设计的 AARR 四步法

四　步	步 骤 说 明
获取消费者	如果 App 仅仅关注下载量，而用户下载之后并不使用，那么这个 App 相当于未能获得用户。所以，App 的激活量是更值得关注的方面，也是评估获客情况的最有效指标
激活消费者	有时，消费者会在一定周期内启动 App，但这并不意味着 App 是活跃的。所以，每次启动后的平均使用时长和每位消费者的日平均启动次数也是必须关注的两项指标。如果这两个指标都处于上涨趋势，则意味着该应用 App 的消费者的活跃度在持续增加

续表

四　步	步骤说明
提高留存	“下载→安装→使用→卸载或者遗忘”，这是App应用的基本生命周期规律。一般来说，消费者新安装使用后的最初几天往往是流失比率最高的阶段。所以，通常关注首日留存率和第7日留存率这两项指标
增长收入	关注消费者的平均消费水平，努力实现产品收入最大化

在采集关键数据时务必做到：系统规划与分析，力求及时发现产品存在的典型问题或隐藏问题，明确其影响因素和深层根源，进而为产品优化制定更为精准的调整策略。

（2）让消费者或用户有效参与产品规划

一般而言，进行产品规划的终极目标只有一个——逐步增加消费者或用户对产品质量的最终满意度。然而在实践中常常发生这样的情况：虽然企业竭尽所能地增加产品功能和提高产品质量，实际上却并未打动消费者或用户——企业并未因此就增加了销售量。比如，部分企业在推出新品时，为了让产品看起来比其他品牌更有竞争力，在产品特性设计中增加若干个消费者并不需要的特性。如此一波设计下来，这款产品的功能设计就明显复杂多了，操作难度也跟着增加了，而消费者也随之不愿意去购买了。

事实上，在产品规划之初，消费者或用户的有效参与往往会发挥非常大的作用。因为，如果消费者或用户愿意积极参与，则意味着他们会主动提出自己的需求，企业设计出的产品特性自然也会更大程度地满足消费者的需求。

为了做好这一点，企业不妨采取这样的方法：邀请消费者或用户分阶段逐步参与产品管理过程，如概念开发阶段、功能规划阶段、样品开发阶段和产品量产阶段等。这样一来，便可以让消费者在一轮轮的需求核查中，直接反馈自己对产品相关质量情况的评价，给出更有价值的建议。

必须强调的是，产品的质量和功能最终能否被消费者所接受，这是衡量品牌产品竞争力的一个重要标准。而消费者的参与度又会直接影响到消费者对该品牌产品的接受程度。所以，要尽可能选择一种有效的方式，邀请并吸引消费者参与产品管理过程，使之明确描述自己对产品的未来需求。通过这种方式生产出的产品，消费者才会心甘情愿地为之买单，并自然而然地成为这个品牌的忠诚粉丝。

随着时代的变化，企业与消费者的主动链接，已经在很大程度上采用了高科技手段。以汽车企业为例，如今的很多汽车企业已经直接向消费者多触点、强体验、高黏性的营销数字化转型，将线上线下单点数据进行整合并沉淀为数据资产，从客户体验角度去洞察客户需求与偏好，实现个性化营销及精细化运营，赋能品牌口碑与经销商业绩增长。

CHOICE FORM 巧思科技是一家提供 CEM（Customer Experience Management，即客户体验管理）的创业公司。2016 年 6 月，巧思科技与上海通用汽车旗下 Cadillac 凯迪拉克汽车品牌实现全面合作，为凯迪拉克车主俱乐部提供一系列精准数据生态服务（包括数据收集、数据追踪、数字营销、销售线索转化等），给汽车企业以更精准的产品设计与市场营销建议，给消费者以更好的产品体验感，由此也大大提升了品牌对消费者的柔性感知力。如今，巧思科技公司已经以资本化视角开始了成长发展之路，目前已经获得红杉资本、腾讯的投资。

立足现在，面向未来，企业与消费者之间必须形成更主动、更紧密的链接关系。因此，借助数据分析、算法模型等 AI 技术，以更精准、更智能的手段去更契合需求地实现产品与服务创新，让品牌形成一种强大的消费者感知力，提升产品力与体验感，对于所有品牌来说都是一种必然的发展方向。

3. 通过产品升级迭代来推动品牌的与时俱进

对新产品来说，打造一个功能强大的产品是为了打开消费者的初步认知；对于老品牌，特别是百年品牌来说，保持产品已有的高水平，则成为一种基本的要求。要获得长久的发展，他们更要重视质量，对品牌产品实施与时俱进的升级迭代。

（1）持续优化不足，实现产品升级换代

从理论上讲，对于任何产品来说都是存在可优化空间的。如果产品质量升级的速度不够快，就无法快速处理产品的不足之处，那么企业甚至连最初的消费者都难以挽留。因此，企业必须深刻认识到产品持续优化的必要性，持续规划新功能，不断超越消费者的预期要求。

腾讯总裁马化腾曾说过：市场从来不是一个耐心的等待者，在市场竞争中，一个好的产品往往是从不完美开始的，同时企业千万不要以为，抢先进入市场就可以一劳永逸，在移动互联网时代，谁也不比谁傻。对手很快就会赶上来，甚至分分钟突破你。在这样的观念影响下，腾讯公司从未停止对产品的优化工作。

2011 年 1 月 21 日，腾讯公司发布了微信 iPhone 版、Android 版。1 月 26 日，发布 Symbian 版。仅 2012 年一年时间，微信团队就完成了 44 次软件更新，基本保持一周迭代一次的频率。微信从 1.0 迭代到 5.0，这个过程中发生了质的改变：在微信 1.0 版本时，只有文字发送和图片分享两个基础功能；在微信 2.0 版本时，增加了语音发送和语音群聊功能；微信 3.0 版本中加入了陌生人交友功能；微信 4.0 版本新增了相册和朋友圈功能，并开放微信应用平台……如今，微信已发展到 8.0 版本，不仅开发了包括语音/视频聊天、群聊、视频号等在内各类社交功能，还陆续开发了包括支付、生活、资讯阅读等日常生活功能。

这对广大企业来说是一个很好的借鉴对象：企业要不断推出新产品，针对消费者提出的有效反馈与可行性建议，在产品质量和功能等方面进行优化和升级，并由此推动高效迭代之路。

（2）因应时代变化，持续推动产品升级

随着时代的变化，消费者们对产品的需求内容与需求水平也持续发生变化，有时甚至会推翻过去对产品质量的认知。面对这样的发展现状，企业必须学会根据时代变化实施产品升级或进行必要的调整，否则这个品牌产品很可能就此淹没在时代的洪流之中。

20 世纪，很多人家以拥有一辆凤凰牌自行车为傲。凤凰牌自行车创建于 1958 年，在国内市场一度供不应求，至 20 世纪 90 年代时被选为中国轻工产品的代表，被作为中国赠送外国友人的官方礼物。后来，随着民营品牌和外资品牌的进入，凤凰自行车在价格和性能大战中呈现不敌之态。2017 年，凤凰自行车试图借力共享单车重新回归社会大众的视野。然而截至目前，其市场反应效果尚不甚明显。

可见，在商业实践中，如果企业产品仅仅沿袭过去的产品设计或配方，而创新力不足，那么即便是曾经称霸市场的大品牌，也会逐渐在时代发展中被遗忘。如果企业能够把握时代的需求脉搏，找准客户当下的需求，那么，该品牌可能由此收获更大的市场份额。

二、丰富品牌推广渠道，提高品牌传播效果

结合产品特征，选择和规划恰当的推广渠道，可以让消费者更好地了解并接受品牌及产品。因此，企业要综合规划并融合多种传播渠道，在适宜的传播渠道进行精准投放，有效保障品牌产品的曝光度；同时，也可以考虑规划品牌产品的自传播属性，让品牌传播实现降本增效。

1. 规划品牌推广渠道，强化品牌产品曝光度

时下，很多企业会综合运用电视 / 电影广告宣传、传统媒体报道、推广会推介、新媒体运营、搜索引擎优化等方式，展开广泛的品牌宣传。

如果对品牌推广渠道进行划分，我们可以将其大致分为两大类：传统媒体和新媒体。其中，传统媒体是以报刊、广播、电视、户外广告等媒体为代表的、定期向社会公众发布信息或提供教育娱乐平台的媒体。十几年前，很多大型企业选择传统媒体渠道进行品牌推广活动，比如在电视台黄金时段进行循环广告投放、在户外广告牌张贴宣传海报或使用灯箱广告，等等。

与传统媒体截然不同，新媒体是利用数字技术，通过计算机网络、无线通信网、卫星等渠道，以及电脑、手机、数字电视机等终端，向用户提供信息和服务的传播形态。如微信、头条、抖音、快手、百度、一点资讯、豆瓣等都属于新媒体平台。以微信公众号为例，很多公众号会将时事热点与公司的产品相结合，在潜移默化中影响利益相关者的品牌认知。

随着时代的发展和媒体种类的分化，新媒体正在挤占传统媒体的市场份

额。曾任麦当劳公司主管营销的副总裁拉玛先生说过：“麦当劳在电视上一掷千金的日子已经过去了，电视作为影响消费者的主导媒体地位正在发生动摇。”麦当劳公司也曾宣布，将逐渐减少电视广告预算，与此同时，大大增加了对数字媒体的广告投放额。如今，很多企业压缩了在传统媒体渠道的广告投放预算，传统媒体预算额度要远远少于新媒体渠道上的预算额度。

以腾讯视频为例，其开发了多样化追剧场景，推出贴片投放类剧场，并围绕热门影视剧推出“冠名专题页”活动。此外，腾讯视频针对会员群体推出了相应的品牌曝光策略，比如，用明星播报、如意帖、片尾彩蛋等广告形式，有效触达高价值的会员群体。这些极富创意的推广模式，使腾讯视频获得了很多企业广告主的青睐。

再以极光 TV 为例，其云视听极光 OTT 月均活跃设备在 8000 万以上，占全国城镇常住人口大屏家庭规模的 1/4，日均设备使用时长 112 分钟。尤其是少儿频道流量惊人地达到了 44%，这对于有志于开拓少儿家庭市场的品牌来说，是一个不能忽视的营销渠道。

当然，这并不意味着企业在品牌传播时必须在传统媒体与新媒体之间做“二选一”的选择题。事实上，新媒体出现时，传统媒体也不会就此消亡——它们会逐步找到融合互推的模式，形成全媒体式的综合架构，更好地发挥品牌推广渠道的效力。而对于品牌持有者而言，针对时代发展与消费者需求的变化，去选择和搭配品牌推广渠道，满足品牌在各个接触点触达消费者的需求点，这是保障品牌曝光的有效性与可持续性的考量重点。须知，传统营销方式总会随时代而变，而面向新一代消费者选择更适合的运作方法，这才是新时代品牌推广的终极王道。

2. 设计综合媒体矩阵，全面布局品牌营销

近年来，为了有效开展品牌推广行动，很多企业开始着手打通全渠道内容。很多品牌企业非常具有前瞻性，它们为了率先占领营销高地，往往布局了一套适宜本品牌的推广渠道组合，即“媒体矩阵”。

媒体矩阵主要分为横向矩阵和纵向矩阵两种类型。其中，横向矩阵指企业在全媒体平台上作出的布局，包括企业自有 App、官方网站和各类新媒体平台（如微信、微博、贴吧、今日头条、百家号、企鹅号等），也可以称之为“外矩阵”。而纵向矩阵主要指企业在某个媒体平台展开的生态布局，是其围绕各个产品线而展开的纵深布局，也可以称之为“内矩阵”。这些平台通常指规模稍大的平台，比如微信。在微信平台上，企业可以从订阅号、服务号、社群、个人号及小程序等方面进行布局。

2015 年，“美丽说”搭建了新媒体矩阵。在“美丽说”矩阵中，自有 App 的图文主要以产品销售为目的；订阅号侧重于“美丽”理念与信息的传播；服务号和微信钱包入口侧重于辅助商品销售；HIGO 订阅号侧重于发布企业新闻，打造雇主品牌。此外，“美丽说”还在 QQ 购物号和微博、百度贴吧设有账号，以媒体传播为主要目的。总体而言，“美丽说”搭建的媒体矩阵，最为侧重的是媒体公关，其次是商品销售。

对于任何企业来说，新媒体经营矩阵都是有所考量的。企业一般在运营新媒体矩阵时必须慎重考虑三个核心能力，分别是对平台情况的掌控能力、

平台数据化驱动能力、跨平台整合能力。

（1）对平台情况的掌控能力

企业只有对运营的平台有深刻的理解，才能更好地利用该平台的优势，去达成自身商业活动目标。概括地说，对平台情况的掌控主要涉及四个方面，如表 2–3 所示。

表 2–3 对平台情况的掌控能力表现

掌控表现	说明
对平台运作机制的了解	了解各平台的运作机制与典型特征。比如，微信公众号以订阅为主，主要面向相对稳定的粉丝消费群；而今日头条的模式基于算法分发信息，迎合更多消费群体的兴趣。企业可以针对自己的需求情况和平台运作机制，慎重选择适合自己的平台
对平台人群的了解	了解该平台应用人群的基本情况。比如，该平台的应用人员有哪些，其消费习惯特征如何，是否与企业的目标消费群体匹配以及匹配程度有多高，等等
对平台实力的了解	了解该平台的融资、团队结构以及具体使用情况等。例如，根据 2018 年的统计数据，今日头条系的 App 是除了腾讯以外独立使用时长最多的 App
对平台发展趋势的了解	了解该平台最近的用户扶持政策。这需要持续跟进平台更新情况，最理想的做法是进入内测组实施优先体验

（2）平台数据化驱动能力

在新媒体平台的运营与拓展过程中，要考虑如何应用大数据信息管理技术，驱动媒体运营和保障品牌传播效果。比如，通过大数据分析技术，不仅能够呈现品牌运营结果，分析媒体平台的传播能力，还有助于优化前期运营经验、准确判断未来的品牌传播情况，这些都会对优化新媒体平台的传播效果产生非常积极的影响。

（3）跨平台整合能力

优秀的媒体矩阵设计，其最大功能是充分发挥平台协同效应。换句话说，如果企业运营者具备了跨平台整合力，那么他往往可以灵活利用各个平台的独特优势，充分发挥 1+1>2 的平台整合效果。一般而言，平台整合可以从以下两个方向入手：一个方向是实现内部资源的联动，比如新品发布后，在媒体矩阵内的所有媒体平台上同步发布消息，以最大化地利用现有资源。另一个方向是与外部资源展开联动，比如在召开品牌产品发布会时，邀请外界的关键意见领袖（KOL）现场推介或亲自撰稿推荐等。

企业在打造与运营新媒体矩阵的过程中，还需要认识到：媒体矩阵的架构实际上是一个动态发展的过程。市面上，一些老平台的展示功能可能在弱化，但也可能出现一些新平台，吸引到更大的消费群体。所以，要学会关注市场变化与媒体平台的革新，进而对自己的媒体矩阵进行调整和更新。

3. 为产品设计自传播属性，强化传播效力

对于品牌持有者来说，最高端的品牌传播并非借助专门的营销活动，而在于产品本身的设计，即让产品自己说话，展示自己的优势。所以，品牌持有者除了为产品规划推广渠道之外，还可以考虑规划产品本身的自传播属性。

前百度品牌总监、自传播影响力纪录创造者朱百宁总结了一个比较体系化的方法论，叫“自传播 486 模型”，可拆分为以下三个方面。

“4 项前提”：一个产品要实现自传播，就要满足 4 项前提条件，即真实的需求、靠谱的体验、好记的名字、强大的组织。

“8 大战术”：实现产品自传播的 8 大战术是主流程、可视化、加文案、个性化、植彩蛋、超预期、参与感、抓热点。

“6个始终”：打造有自传播力的营销有6个原则，分别是始终挖掘产品的潜力、始终调查人性的本质、始终发动群众的智慧、始终引入友好的互动、始终相信创意的力量、始终激发二次的传播。

以8大战术中的“参与感”为例。参与感指让产品具有社交属性，能够激发消费者或用户的强烈参与感。毕竟，只有消费者愿意对产品评头论足，愿意将产品发在朋友圈里分享出去，才能形成规模效应。而产品之所以能够产生社交属性，通常是因为消费者的心理优越感因产品功能属性而被激发出来。比如知乎，人们愿意使用知乎平台，这在一定程度上代表了使用者对知识不同程度的渴求以及对世界的好奇心，这是一种非常积极的、正面的形象。为了持续维护这种形象，人们会更加频繁地、主动地去把“我正在使用知乎”这种信息传播出去。于是，在经过社交维度的一次次分享之后，品牌知名度也大大增强，知乎的用户数量随之越来越多。

所以，为了强化产品或品牌的传播力，企业要学会顺势而为，把自传播属性植入产品功能设计之中。此外，还要学会从产品本身挖掘有价值的东西，比如产品功能属性、产品关联数据、产品故事等。将之提炼出来、包装出来之后，即可充入品牌营销活动使用的资料库中。

一些聪明的品牌运营者非常善于从产品里挖出真实的故事。事实上，讲好品牌故事，往往是打动消费者、拓展品牌影响的一个极好方法。

谷歌街景记录了很多照片。有一天，一位美国小伙子给他的女朋友看他工作过的地方。这时候，他发现一条又老又脏的狗。他突然想起来，这条狗正是他曾经喂养过的一条流浪狗。后来，他驾车再次回到那个地方，发现狗竟然还在那里。附近商店的老板告诉他："这条狗在这里已有10年。"这是人和动物之间的一种跨领域、跨时空的感情呈现。很多人听说这个故事时都为之动容，进而记住了谷歌。

在商业实践中，从产品当中挖掘真实故事威力巨大。因为，当企业以产品为载体进行故事性挖掘时，往往并不需要借助巨大的投资去设计企业形象短片或方案，却能打造非常广泛而强大的传播效果，让品牌更容易深入人心。

所以，企业在产品品牌推广过程中，要充分呈现产品品牌的特色之处，竭尽所能地触动消费者的同理性、好奇心，继而让消费者乐于关注甚至愿意参与产品品牌的传播过程。

三、打造品牌流量池，稳步提高品牌影响力

在互联网时代，各方平台、渠道所携带的流量红利始终为人所关注并被全力抢夺着。在商业实践中，如何在不同的媒体渠道平台上吸引并锁住流量，施展自己的流量组合拳，一直都是品牌打造过程中必须要重视的方面。

1. 借助私域流量与公域流量，打造流量池

流量池是流量的蓄积容器，主要作用是为了防止有效流量流失流量又分为私域流量与公域流量。私域流量指品牌或个人自主拥有的、无须付费的、可反复利用的、能随时触达消费者的私人流量池。比如，在社交媒体尚未普及时，私域流量就是消费者的联系方式（手机号、邮箱、住址等）；而如今，私域流量主要存在于公众号、微信好友、微博、社群、朋友圈、头条号、抖音等社交媒体里。从根本上来说，产品是承载这些流量的工具。而即便消费者可能分布在不同的产品里，但只要消费者使用的是同一个个人账号，那么这就是私域流量。近年来开展得风生水起的直播带货就是私域流量的成果展现。

不过，公域流量和私域流量并不是绝对概念，而是相对概念。比如，在天猫平台上开一家店铺，店铺的流量对于天猫平台来说就是私域流量，而天猫平台的流量对于店铺来说又成了公域流量。同样，公众号的流量对于微信而言是私域流量，微信的流量对于公众号就是公域流量。常见的平台流量示例，如表 2-4 所示。

表 2–4 常见的流量平台

平台类型	举例
电商平台	京东、天猫、拼多多、网易考拉等
社区平台	百度贴吧、微博、知乎、简书等
搜索平台	360 搜索、百度搜索、谷歌搜索、搜狗搜索等
内容聚合型平台	搜狐新闻、腾讯新闻、今日头条、一点资讯等
视频内容型平台	抖音、快手、腾讯视频、爱奇艺视频、优酷视频等

当公域流量相对较大而所涉及的企业数量较少时，企业的获客成本相对较低。但是，当公域流量逐渐饱和，企业数量越来越多时，流量红利逐渐式微，企业便需要通过广告推广、排名推广等方式，为产品品牌吸引更多流量。流量使用费较高，则会导致该产品品牌的推广成本大大增加。此时，对于企业来说，就需要立足长远，主动打造私域流量。因为，私域流量更可控，有更丰富的营销玩法，有更高的消费者黏性，更有助于品牌的打造和成本的控制。当然，这一点不仅限于打造产品品牌，在打造企业品牌和个人品牌时也是如此。

2. 向品牌对手借力，以智慧方式实施引流

对于市场知名度不高的品牌来说，如果全凭自己的力量进行品牌运营的话，往往需要借助大量资本来实现预期品牌运营的目标。此时，如果企业能够借助已形成品牌效应的竞争对手的力量，或发挥品牌合作力量，往往更有助于提高自己的品牌影响力，引来新流量，扩大市场份额。从营销成本控制的角度来说这也是节约成本的一种方式。

在这方面的一个经典案例当属蒙牛当年崛起时的操作了。蒙牛创业之初，伊利已经是全国知名的奶制品品牌，占据了奶制品的大部分市场

份额。为了让蒙牛品牌快速进入市场，蒙牛决定借助伊利的品牌和口碑，为蒙牛品牌打造强力的支撑点——站在伊利的肩膀上开展品牌运营。于是，蒙牛当时在奶制品包装上都印了这样的字样：“蒙牛，为民族工业争气，向伊利学习。”当时的消费者虽然对“蒙牛”这个品牌非常陌生，但是看到包装上的“向伊利学习”的字样时，又往往会决定尝试一下，看看它与伊利的区别。蒙牛品牌的系列产品由此获得了消费者关注的机会，也打开了市场。

蒙牛在呼和浩特的大街小巷打出一则户外广告，广告牌上写着一行引人注目的大字：“向伊利学习，做内蒙古的第二品牌，蒙牛。”这些户外广告的突袭，迅速使蒙牛吸引了更多消费者的目光，甚至因此将其视作“位列伊利之后的第二品牌”，也成功地将其他奶制品品牌的公众口碑甩在他们的身后。

蒙牛品牌之所以能够在较短的时间内迅猛发展并成为国内知名品牌，其中一个重要原因就在于品牌营销时，聪明地向同行“巨头”借力，用竞争对手的名望来抬高自己的市场地位，并由此赢得市场口碑。

当然，如今通过这种方式取得良好品牌效应和营销效果的品牌也有很多。比如，天猫创立“双十一”购物节，京东组织“618”购物节，而后这两大电商主创的节日俨然成为线上平台的“狂欢”盛宴。表面上看，两个平台似乎两两相对，年年打擂台，实则相互借势借力，进而打造了如今的线上平台格局。

如果我们仔细分析这些成功案例，会发现它们有一个共同点——要主动宣扬品牌对手的优势，以此作为自己在公众眼中的参照系，而后呈现自己的突出优势，强化消费者的品牌认知。这样一来，品牌对手的流量也就由此导入本品牌的流量池中。

3. 活化社群运营，提高消费者的品牌忠诚度

近年来，很多品牌持有者会围绕产品建立社群组织，基于产品营销到售后维护的消费者关注点进行互动、交流、协作，从而使品牌方与消费者之间形成信任关系，进而形成对应的产品消费行为。可以说，社群运营作为一种呈现新消费场景的新媒体传播形式，极有针对性地传播着产品属性，而社群成员在潜移默化的参与过程中越来越接受产品，由此形成更深厚的品牌忠诚度。

（1）重视消费者，挖掘潜在消费者

要想做好社群经济，首先要增加该品牌的粉丝数量，持续挖掘潜在的粉丝，并使之转化成为忠实的消费者。

以小米为例，前期就是将消费者拉入小米的社群，这些消费者其实就是“米粉”的前身。企业可以从社群运作过程中了解他们的需求，对品牌产品进行细分优化，让消费者获得参与感，然后面向“米粉”进行营销，使品牌得以迅速崛起。

所以，想要聚集粉丝群体，必须足够重视本品牌的消费者，不断与消费者进行互动，收集消费者的意见；然后，为那些主动体验产品的消费者提供满足其期望的品牌价值，使之慢慢转化成为品牌的“粉丝”，由此达成多频消费行为，增加粉丝黏性。

（2）维持社群运营主题的明确性

事实上，一个社群之所以可以聚合起来，最主要的是大家对该社群的主

题或者文化有共同的兴趣。首先，社群运营的主题必须具备一定的调性，即其风格应该是社群粉丝可以接受的风格，这体现了该社群的典型特征。其次，社群运营的主题必须是能够提高消费者黏性的、高质量的内容。最后，社群主题要具备较强的传播性，这样经过长期的内容积累，便可以形成一定的品牌影响力。

（3）挖掘产品的增值空间

随着数据时代的到来，流量入口的优势逐渐丧失，因此各行各业都有必要开始挖掘和拓展产品的价值空间。比如，很多产品在获得一定的消费者流量之后，就可以开始以产品基本功能为基础，为消费者提供更深层次的服务，优化消费者对产品品牌的感知评价。可以说，在数据时代，社群运作的重点就在于——针对已有的产品和服务，挖掘出对应的增值空间，让社群活动的参与者们能够了解其可能因该产品而获得的增值服务和潜在价值。这样一来，才能在未来的一段时间里抓住现有消费者与潜在消费者的心，打造产品品牌在消费群体中的影响力。

四、重视情感性链接，提高消费者对品牌的接受度

如今，越来越多的人开始关注情感体验，而不局限于产品本身的价值或基础功能。这一点在产品品牌建设过程中表现得非常明显。很多产品品牌之所以能备受消费者追捧，获得溢价，在很大程度上是因为产品给消费者带来了让他们满意的情感享受、情感认同和情感归属。这也给产品品牌营销带来一个新思路：通过产品的情感性链接，来提高和强化消费者对产品品牌的接受度。

1. 把握产品情感链接的层次，获得消费者认可

产品品牌要想在市场上稳步建立，就必须不断建立产品和消费者之间的正向情感链接。那么，如何衡量一个产品和消费者之间的情感链接到底有多强呢？专栏作家苏杰提出产品情感链接的四个层次：愿意用 < 愿意买 < 愿意说 < 愿意骂。

根据他的理论，产品情感链接的第一层级是愿意用。在市场上，有很多刚刚开发出来的产品，但是其中有很大一部分产品是消费者不愿意使用的。所以，让消费者把时间放到自家产品的使用上，这是很不容易的一件事。但同时也意味着，消费者对这个产品建立了初步的情感链接。

产品情感链接的第二层级是愿意买。对于有些产品，消费者愿意用，但是对产品没有深刻感受，不愿意为之付费。即便产品上市了，也会因产品情感链接未能成功建立起来，而导致品牌影响力较弱。事实上，唯有消费者愿

意购买，产品品牌力才开始逐步形成。因而，这被视为产品情感链接的第二层级。

产品情感链接的第三层级是愿意说。愿意说指消费者愿意向其他人分享该产品的突出特征和功能。比如，有的消费者使用了某品牌豆浆机之后，开始在闲聊时向其他人自然而然地推荐这个品牌的豆浆机。当产品与消费者之间的情感链接达到这一个境界时，那么产品品牌效应便已见成效。

产品情感链接的第四层级是愿意骂。有一部分消费者一边用着产品，一边骂着产品。遇到这种情况不必气恼，这说明消费者与这款产品的情感链接已经非常深，难以割舍。从产品品牌推广者的立场来说，达到这一层次的消费者是非常值得珍惜的。而且，这里说的“骂”，也是产品和品牌升级的一个重要考量方面。

2. 突出情感设计，向消费者传递品牌文化情感

很多时候，真正触动消费者内心、让品牌产品与消费者之间建立起情感传递桥梁的，是产品所携带的某些情感化细节。这种传递独特情感的细节，不仅可以增加消费者对产品的好感度，还可以让产品形象更加深入人心，更利于增强产品品牌传播的效果。

以设计手机界面图标为例。目前，人们在市面上可以看到形式多样的 App 图标，但是图标的设计质感不尽如人意：App 图标趋于同化、缺少个体特色和记忆点。种种问题，都让消费者甚至不愿意打开 App。

一般来说，成功的 App 图标需要呈现视觉美感，并能激发人们想要更加深入了解其情感内容。而人们充分满足了个体基本需求后，往往会

更加关注情感需求，进一步获得精神慰藉。因此，在具体设计 App 图标时，企业应该从消费者情感体验的角度出发，要考虑消费者在视觉感官上的舒适性、实际使用时的易用性以及消费者在使用时的情绪心理。如此一来，便可以在融入情感化设计理念的基础上，将图形、文字信息转换成直观的图形符号，尽可能触动消费者或用户的情感敏感点，增加消费者的使用黏性。

当然，图标仅仅是产品力呈现的一个小方面，企业还可以从产品设计的各个方面进行情感性规划和元素设计。总体而言，在进行产品设计时一定要注意增强和消费者沟通交流的可能性，通过情感化创意的思想，让产品的外观和内涵都能以更加有趣生动的形式呈现出来，从而增强消费者关注产品的意愿。

3. 重构品牌生态，创意导流并触达消费者

品牌必须根据消费者的真实需求进行产品设计，以引起消费者对该产品的兴趣，让消费者产生与之建立链接的意愿。笔者在 20 世纪 90 年代末曾是世界化妆品巨头欧莱雅集团的实习培训生，有幸在外资企业在华构建品牌的初期参与市场化的系统品牌构建工作。在这个行业中，已经有很多企业在运用互联网思维去重构品牌营销生态逻辑和消费触达链路，比如“完美日记”“943”。

“完美日记”是逸仙电商旗下一家创立于 2017 年的国货彩妆品牌。“完美日记”以高颜值、高性价比为特征，通过线上 App 发布美妆内容，再进行用户加群邀请、社群运营。在品牌流量方面，“完美日记”非常重

视 KOL（包括明星）代言、联名、社媒方式，以增加产品曝光度和提高粉丝黏性，其现阶段的合作 KOL 已经超过 15000 人。

在小红书、微信、抖音等众多内容平台上 KOL 以及明星力量的加持下，逸仙电商发展成用户们的热捧对象，迅速成长为国内市场份额最大的国货彩妆品牌。逸仙电商仅用了 3 年的时间，营业收入从 2018 年的 6 亿元扩张至 2020 年的 52 亿元，年化复合增速超过 100%。不过，逸仙电商的营销成本也大大增加——2021 年第一季财报显示，公司营销费用为 10.4 亿元，营收占比为 72.1%。

不过，独特的品牌营销模式以及借“饭圈”导流的动作虽然给“完美日记”带来了不少的流量，但有时也会带来一些麻烦。2021 年 6 月，“完美日记”选定某明星为“心动代言人”，与“完美日记”动物眼影盘展开合作。新品发布后，众多粉丝涌进产品评论区。然而，“粉丝非法集资”事件发生后，人民网官方微博针对“××粉丝非法集资”事件做出了点明批评，“完美日记”在社会大众心中的品牌形象大大受损。

可见，从品牌的创立与长期发展角度来说，品牌必须具有质量过硬的产品作为实体，同时要重视品牌与消费者之间的情感链接，做好品牌流量运营，更要控制好流量本身可能带来的负面影响。对于品牌方来说，呈现坚定而正确的价值观念，传递端正的法律意识，表现出面向全局的品牌舆论控制能力……这些都需要予以足够的重视。

943 是一家成立于 2017 年的新锐护肤品牌，其品牌全称是数字的九又四分之三（$9\,^{3}/_{4}$）。因设计搭档恰巧是一位“哈迷”，所以在确定品牌名称时，从《哈利·波特》获得灵感，选择通往魔法学校之路中的站台名“九又四分之三”作为品牌名。后来，粉丝们为了顺口称之943或934。

943一共有4位联合创始人，平均年龄为45.5岁。创始人王军是笔者的老朋友，是一位美妆界的大咖级人物。在2017年创业初期，笔者曾问其创业的缘由。他说：“要做一份有使命感的事业，做一个有成分感的产品，做一个年轻人喜欢的品牌。”他们花费了9个月的时间，去思考品牌的定位，他们希望这个品牌能够“更简单、更好用、更有价值”。

这样的品牌理念也打造了943的核心优势——沉得住气去研发产品。据称，943的第一批产品是经过了整整一年的打磨，7次推翻再来才得以上市。此后，943的每一批新品上市前，都会历经一轮长达一年时间的深度研发与细致打磨。而且，943并不刻意去跟风热门成分或产品，而是针对肌肤的现实问题去探索有效的解决方案，设计科学的配方。

为了让品牌成为年轻消费者的朋友，打造出让消费者真正喜欢的产品，943专门设立了体验营，让消费者参与产品打造过程。在产品生产前，943会先明确消费者的需求，再围绕他们的需求打造产品。在产品面世之前，943会组织安排多轮的粉丝试用活动，根据粉丝们的体验和反馈意见去调整和改善产品。943的这个做法从创业之初，一直延续至今。每一次新品研发出来，笔者都会去做粉丝体验，并给出最真实的反馈。

943不计时间和成本，只想做“最适合年轻人护肤习惯、最适合年轻人肌肤问题”的护肤品，这也使得943的新品上市速度虽然很慢，但每款产品上市之后都能保持很好的口碑。

事实上，坚守产品质量线，听见并满足消费者的真实需求，不急功近利。这是所有品牌经营者都应坚守的基本原则之一，也是我们打造产品品牌时应当重视并严格把控的方面。

第三章

依循优质战略和投诉视角，打造企业品牌

企业品牌传达的是企业的经营理念、企业文化、企业价值观念及对消费者的态度等，它能有效突破地域界限，推进多区域经营活动的开展。在打造企业品牌时，宜结合企业长短期战略，综合考虑市场变化、消费者需求等多方面要素，科学定位品牌并规划品牌构成，充分呈现品牌价值；同时，要做好品牌的沉淀动作，避免品牌资产流失。

一、基于企业品牌愿景，对品牌进行准确定位

品牌是竞争格局下的产物，呈现的是企业在投资与运营上的结果。能否准确定位企业品牌，这在品牌传播过程中占有重要地位，且直接决定着整个品牌体系的建立。因此，企业往往将品牌定位视为品牌建设工作中至为关键的一步。

1. 明确企业战略目标，明确企业品牌愿景

企业在构建品牌定位之前，要明确企业经营的目的和初心，设定企业的品牌愿景。如果缺少了品牌愿景或者愿景浮于表面，那么企业品牌就会毫无目的地随波飘动，导致企业品牌营销方案前后不一致。

在进行品牌愿景规划的时候，必须要注意一些关键因素，否则容易导致品牌愿景成了大而空的套话，或者不能够被相关利益者认同，最终导致品牌愿景在实施过程中失败。

（1）品牌愿景应建立在适合的文化基础上

所谓适合的文化，主要是指在进行品牌愿景规划之前，要形成对品牌愿景作用认同的氛围。也就是说，在这一文化氛围中，没有人会嘲笑他人表达和讨论关于愿景建立的观点和描述。实质上，建立品牌愿景就是创造一种文化，而这种文化是建立在信任基础上的，我们要鼓励创造性活动的多样化。

（2）品牌愿景是多方愿望的共同表达

品牌愿景不仅代表了为品牌工作的员工的共同愿望和目标，更是对所有

品牌的显在和潜在目标受众之所以会使用这类品牌的终极需求的诠释。

所以，它不仅仅是依照企业老板、董事会的意愿制定的。它要综合性地考虑企业低、中、高三个层次人员对愿景的描述与构想；既要研究消费者意见，又要高于他们的意见，对品牌愿景做长远规划。

（3）品牌愿景需要进行有效的分解

品牌愿景必须与企业的使命、价值观和对愿景的描述保持一致。同时，可行的品牌愿景也要能够划分成一个个子愿景，以此增强企业内部人员对品牌愿景的信心。倘若，品牌愿景无法让员工真正的信服，也就不能得到股东乃至消费者的真正认同。

需要注意的是，在确定品牌愿景的时候，不能仅仅依赖内部信息，还要格外关注外部信息的收集。比如，深度研究公司最重要的两个竞争者，以及一个即将赶上的竞争者，以利于企业更好地掌控市场竞争现状。

2. 展开系统思考，把控品牌定位的重点

品牌定位可以从多个维度展开，比如，从市场定位、价格定位、形象定位、地理定位、人群定位、渠道定位等多个维度逐步展开。一般而言，品牌定位是企业在市场定位和产品定位的基础上，对特定品牌在文化取向及个性差异上的商业性决策，是建立与目标市场有关的品牌形象的过程和结果。

企业在品牌定位的过程中，需要对以下问题进行慎重思考，以便最终给出系统且明确的答案。

（1）品牌参与竞争的市场、业务或产品线、渠道是什么？

（2）企业的战略和财务目标是什么？品牌在实现这些目标过程中发

挥着什么样的作用？

（3）品牌在今天代表的是什么？到了明天又将代表什么？

（4）企业能够为品牌投入什么级别和水平的资源？

（5）企业是否能通过现在的品牌实现目标，还是需要重新界定企业的业务？

此外，还需要注意的是，市场定位的最终目标是为了实现产品销售，而品牌是企业传播产品相关信息的基础，同时也是消费者选择该企业产品的主要依据。可以说，消费者对品牌的接受度以及对品牌价值的评判，在很大程度上取决于自身需求是否得到充分满足。因此，企业就必须掌握消费者的价值需求，保持品牌与消费者需求之间的契合度，这是打造企业品牌的基础。

3. 解读消费者价值元素，基于需求打造品牌定位

品牌定位的根本目标就是让品牌在消费者的心中留下深刻的印记，即所谓的“强势品牌烙印”。比如，在炎热的夏天口渴时，人们会想到“可口可乐”红白相间的外观设计，以及清凉爆爽的口感。这就是一种非常成功的品牌定位：品牌产品在消费者的心中始终占据着独特的位置，当人们出现某种需求时便会自然而然地想到特定的品牌。而这种品牌烙印的效应，对品牌提出了要求：品牌将自己定位于满足消费者需求的立场上，然后借助品牌传播在消费者心中抢占有利的地位。

企业品牌要想达到这一目标，就必须明确目标消费者的实际需求，确保具有与消费者需求相对应的品牌利益点。也就是说，企业思考的焦点要从单纯的产品属性转向消费者利益属性，系统分析、清晰描述消费者的价值体系，并形成一种独特的“语言符号”来解读消费者的需求，从而使品牌定位与消费者价值体系之间形成较高的契合度。

罗兰贝格指出，消费者价值体系可以分解为若干个基本的价值需求元素，这些价值需求元素之间的不同组合构成了消费者各不相同的价值体系。表 3-1 展示的是罗兰贝格消费者价值元素说明。

表 3-1　罗兰贝格消费者价值元素说明

质量	定制化	新潮 / 酷	简约
• 追求可衡量的质量表现 • 追求可靠性、有效性、耐用性 • 对产品和服务的要求高于同行业平均水平	• 寻求个性化和独特性 • 喜欢灵活性和多样性 • 追求最大限度的个人介入	• 标新立异、喜爱新事物 • 寻求变化与新的刺激 • 追求反叛、与众不同、前卫、激进	• 追求简约化 • 低调 • 反对浪费、奢侈，寻求耐久性
美誉	**亲和力**	**刺激 / 乐趣**	**自然**
• 相信成功的经验、规则和传统 • 追求最大的可靠性、安全性、严谨性 • 重视品牌历史的美好联想 • 相信有科学试验的保证	• 寻求归属感、温暖、希望被群体接受 • 寻求团结、友谊和团队精神 • 喜欢与朋友和家庭共度时光	• 寻求兴奋和冒险，追求对个人的挑战，寻求极限的体验 • 喜欢叛逆性的突破常规刺激、挑战胆量，在冒险中寻求乐趣和证明自我	• 提倡高环保标准，与自然界的和谐，反对“剥削”大自然 • 愿意为自然牺牲自我 • 相信自然界的力量，希望人与自然和谐相处
服务	**自由**	**激情**	**高尚**
• 寻求有效而可行的建议 • 喜欢简单明确的信息 • 希望被关注和尊敬 • 渴望令人感到温暖的交往	• 易满足、轻松、快乐无忧无虑、积极、乐观 • 不喜欢受约束、希望多样化的娱乐	• 希望引人注目 • 渴望爱与被爱 • 拥有深刻、复杂的情感 • 喜爱消费、表现欲强、自我陶醉	• 高道德标准、反对贫富不均、反对奢侈，愿意为人类的利益牺牲自我，积极参加社会公益活动

续表

科技	活力	追求	明智购物
• 科技导向、寻求快速方便获取大量信息的方法 • 追求最佳表现、采用最新的科技成果、追求全球同一标准 • 人际交往“电子化”“虚拟化”	• 追求身心健康、有活力 • 喜欢运动 • 寻求健康、有活力的生活方式 • 主动、活跃、积极、自由	• 不安于现状、需要获得更大的成功、对未来个人发展有清晰目标 • 不懈努力 • 需要获得他人的认可和尊敬	• 积极进行价格谈判 • 系统地寻找价廉物美的商品 • 节省
个人效率	**古典**	**安逸**	**全面成本**
• 希望最高效率 • 寻求日常生活中的方便和舒适 • 对灵活性要求高、备用方案多	• 渴望永久的魅力和风格 • 崇尚美丽 • 追求高雅情调 • 推崇贵族身份、精英思维	• 寻求平静和放松、希望放慢速度、缓解压力、继续充电、期望和谐、寻求内心平静 • 喜欢独处	• 单纯地由成本决定 • 极端理性化、仔细计算每一分钱

在罗列出消费者的核心价值元素后，企业需要将这些元素整合在一个分析框架中，对消费者价值元素进行分类，明确各种元素彼此之间的关系以及对品牌的影响，然后形成消费者价值分布图。

罗兰贝格认为，中国消费者的价值分布可以划分为三个区域：个性化价值区域、传统价值区域和节制型价值区域。其中，个性化价值区域所包含的是那些相对激进的价值元素，传统价值区域所包含的是那些能够得到广泛认同的价值元素，节制型区域所包含则是相对保守和自我约束的价值元素。经研究发现：目前能够促使中国消费者消费的价值元素，主要集中在个性化价值区域；而诸如活力、服务和质量等传统价值区域的价值元素，则难以说服中国消费者为之支付更高的溢价。

换言之，企业品牌在进行现阶段的品牌定位时，如果以传统价值区域内的价值元素作为关键词，已经很难成功打动消费者的内心了；如果能够更充分地考虑个性化价值元素，则可能为企业品牌创造更多的新机会。故而，企业可以借助利用消费者价值元素分布图进行系统分析。分析内容包括三个方面：一是，整体市场和竞争关系的变化情况与发展趋势；二是，各细分市场（可以从年龄、收入、职业等维度划分）下的消费者间需求差异化特征、地区性需求差异；三是，自己或竞争品牌的实际品牌价值以及自身品牌的优势和劣势。在切实把握了消费者需求和自身需求的契合点之后，再行制定或优化品牌战略定位，从而确保企业品牌与消费者之间能够建立起更加长久、更加紧密的关系。

二、立足市场竞争格局，科学规划品牌构建模式

品牌如同一条高速公路，当企业将这条高速公路修好后，那么无论企业开什么车，都可以跑得很快。当然，这条“路”能否在竞争环境下呈现其产品力、持续力、变通力，这就显得尤为重要了。其中，产品力需要品牌价值的突出呈现，持续力需要品牌立足长远保持一致性，变通力需要品牌以现有品牌为基础来进行适当地延伸或调整。

1. 重视品牌价值呈现，提升企业品牌竞争力

如今的各行各业，品牌力都被视为提升企业竞争力的重点。比如小米手机，品牌定位为青春时尚人群的首选手机，同时为了迎合新消费群体的喜好，在外观上不断创新。可以说，通过精准把握市场与消费者的需求，这些国产手机的品牌力与企业价值正在以一种难以阻挡的强劲势头一路狂飙。由此可见，品牌力对于企业价值和市场竞争的重要性。

而要想最大限度地提升企业品牌力，增加企业价值，则需要企业在品牌定位、品牌形象、品牌调性三个方面管控好，使市场与消费者都对企业的品牌价值持认可的态度。

近年来，蒙牛在品牌力提升方面付出了很多努力。蒙牛将“只为优质生活”作为基本品牌定位，保持“健康、贴近大众”的品牌调性，郑重承诺：“从每一滴原奶的品质抓起，让更优质安全的乳制品创造的点滴

幸福陪伴每一个家庭”，由此为蒙牛树立了“健康可信赖、温暖有责任”的品牌形象。可以说，蒙牛已经将“三位一体”的理念完美融入品牌核心发展理念中，将自己打造成为贴近大众的健康奶制品品牌，同时朝着成为国际化一流品牌的目标稳步迈进，在国际市场和国内市场获得了双丰收。2022年3月31日，蒙牛乳业发布了2021年财报，收入达881.415亿元，同比增长15.9%，归母净利润为50.255亿元，同比增长42.6%。其中，纯牛奶、奶酪、鲜奶等多项业务表现极为优秀，均实现了双位数甚至三位数的增长。

对于任何企业来说，推动品牌力的跨越提升是这个企业在国内国外产生更大影响的最直接路径。无数的企业成功案例已经证明，如果企业能够有效呈现价值，实现在品牌定位、品牌形象、品牌调性上的“三位一体”与协调统一，那么，企业必然会获得卓越的品牌力。不论市场环境如何风起云涌、变幻非常，具备这种能力的企业往往都会先人一步、占据优势，创造更丰富的市场收益。

2. 系统实施规划品牌，保障企业品牌系的一致性

在品牌的最初设计与后续发展过程中，必须保持较长时间的一致性，更具体地说是品牌系的一致性，这也是企业要遵循的首要原则。如果企业没能做到这一点，那么，这个品牌往往很难得到市场的长期认同，同时也容易导致原有品牌形象被混淆，品牌影响力在无形中被削弱。因此，企业在进行品牌规划时，必须先考虑品牌规划的整体性，建立起企业独有的品牌系，明确企业品牌之间的关联、层次及其在整个品牌系中所发挥的作用。

成立于1919年的伊莱克斯公司，百余年来一直被视为“最大的家用电器制造商之一”。伊莱克斯拥有的品牌数量众多，其中不少是各地的本土品牌。虽然这为伊莱克斯品牌的本土化建设创造了便利条件，但是，又因品牌系统的复杂而对企业的全球化品牌战略形成了极大的挑战。

为了让不同国家或地区的消费者在领略具有个性化、本土化的产品和服务的同时，也能对伊莱克斯品牌形成相对一致的品牌认知，伊莱克斯制定了一套全球性的品牌设计标准。为了突出品牌特色，还对其中若干设计概念进行了深度解释。

在这些设计原则中，提出在服务、环境、销售、包装、展览、广告、网站、报刊的设计都要体现出伊莱克斯品牌的特色，并强调企业品牌设计与消费者接触的方方面面必须保持一致性。同时，伊莱克斯还列明了那些不属于伊莱克斯特色的方面，甚至以图片形式特别呈现出来。例如，伊莱克斯不是炫耀的、装饰性的、流行的，也不是呆板的、复杂的、不可靠的，等等，以此与其他企业形成鲜明的区别。

在视觉语言上，伊莱克斯以一系列的建筑、室内、产品的图片作为参照物，用一种极具形象化的造型风格和形式，来传达伊莱克斯产品所要表现的品牌性格特征：外观纯净、线条流畅、刚柔相济、端正但不拘束，等等。这也是伊莱克斯建立企业品牌系所遵循的一项基本要求。

从上述案例可以看出，随着市场范围的持续拓展，一个成功的企业品牌必须有序建立起一套属于自己的独特品牌体系。而且，无论是主品牌还是副品牌，都应当充分反映品牌的核心内涵，在此基础上再打造品牌的一致性，提高该品牌在消费者眼中的识别度。除此之外，企业还要考虑品牌系的互补性，即各子品牌必须明确地支持企业的品牌形象，而且子品牌本身有着特殊的市场受众群体，又能实现子品牌之间的有效互补。

企业在打造品牌系时，可以根据品牌发展规划的思路，将其操作过程分为五个步骤来进行，如表 3–2 所示。

表 3–2　品牌发展规划的操作步骤

序　号	名　称	说　明
步骤一	分析企业的市场定位	从企业经营理念、产品定位、目标消费者群体定位等方面入手，对企业的市场环境情况进行系统、全面而精细地分析
步骤二	对企业实施 SWOT 分析	面向企业自身，展开系统的 SWOT 分析，明确企业的优势，分析企业的弱势，发掘企业的发展机会，识别企业的发展威胁
步骤三	界定品牌系的核心价值	基于企业发展的现实情况，界定品牌系的核心价值，确定品牌系建设的基本方向和目标
步骤四	规划品牌系发展未来	基于品牌的未来，制定品牌系建设与发展规划，助力品牌获得更长远的发展
步骤五	做好品牌营销规划并高效落实	紧密围绕品牌系建设与发展规划，制定具有针对性的品牌营销策略，系统安排品牌营销活动的具体实施过程，保障品牌营销过程的可控性

企业可以遵循以上基本步骤，细致规划过程细节，以期成功打造一套极具企业个性特征、契合市场变化需求的品牌系，从而巩固和优化企业的品牌形象，持续不断地提高企业品牌的市场占有率。

3. 以现有品牌为基础，策划品牌品类延伸方向

基于现有品牌，科学实施品牌延伸。这是确保企业品牌永葆吸引力，使品牌长期获得消费者青睐的一种有效手段。所谓“品牌延伸”，指一个品牌以原有的产品或业务为基础，实现多项产品或业务对同一品牌的共享。

伊利创立于1991年。多年来，伊利牛奶一直颇受消费者青睐。伊利有着丰富充实的供应链资源，这使之具备更多能力和机会去不断推出新品并进行产品升级。其产品覆盖范围较广，不仅有液态奶，还有低温奶、舒化奶、气泡水、益生菌等饮品。安慕希的芝士波波球常温酸奶、金典的低温牛奶、QQ星儿童成长配方奶粉以及新品伊然的乳矿气泡水，更是得到了消费者的广泛青睐。年报数据显示，2020年，伊利股份实现营业收入965.24亿元，同比增长7.24%；实现归属于上市公司股东的净利润70.78亿元，同比增长2.08%。可见，伊利产品的整体销量都维持着高增长速度。而伊利产销量获得市场支撑，本质上仍是消费者对伊利品牌的认可。

此外，苹果公司将自己的产品从电脑延伸到手机、平板电脑等；宝马将自己的品牌从摩托车延伸到轿车、轿跑车和越野车，成为全球销量最高的豪华汽车品牌……这些都是品牌延伸的成功案例。

从诸多企业实践结果来看，如果能够建立起成功的品牌架构与品类延伸，就可以最大限度地发挥核心产品的品牌形象价值，同时让企业的新产品更快获得市场认同。此外，还可以借助消费者对原有品牌的忠诚心理，为同品牌系的产品吸引相对稳定的消费者群体，确保企业用较少的投入成本，即可快速地获得更大的市场份额，增加整体投资效益。

不过，并非每一个品牌都适合以原有的强大品牌为基础展开品牌延伸。如果一味蛮干，操作不当，反而会给原有品牌带来不必要的损害。所以，如果要想让企业的每一次品牌延伸都能够出奇制胜，有效占领、开发市场，就必须确认是否满足以下三个基本条件，而后再针对性地展开实践操作，如表

3–3所示。

表3–3　品牌延伸策划的基本条件与实践操作思路

基本条件	简要说明	操作思路
分析原有品牌的可延伸性	原品牌的包容性、品牌联想等因素，这些因素通常与原有品牌的核心价值密切相关	通过对原有品牌的包容性和品牌联想等诸多因素的分析，确认原有品牌是否具有可延伸性
确认原有业务和新业务的关键成功因素	本企业在原有业务上的竞争优势是什么？是否能将公司在原有业务上的竞争优势移植到新业务上去建立竞争优势？如果企业没有新业务要求的竞争优势，是否能够在短时间内培养起来	针对市场状况、竞争者行为和消费者心理感受进行细致分析，并确定最终采取何种方式进行品牌延伸
分析品牌延伸的方式和可实现度	采取哪一种品牌延伸方式，可以使新品牌更容易、更快速、更有效地获得市场认同	根据预先确定的品牌延伸方式，确定不同的品牌营销策略，从而使品牌能够借助原品牌的市场影响力，快速、有效地占领新的细分市场

在实践中，如果企业能够确认品牌实际情况，严格践行以上思路，那么其品牌延伸计划便可以大体避免因盲目的品牌延伸动作而造成不必要的损失，自然也更有利于企业巩固和进一步强化原有品牌的市场地位。

三、从品牌投诉的视角，把控品牌打造的重点

在企业品牌经营过程中有时会遇到被消费者投诉的情况，由此造成品牌形象受损。但同时，企业也可以以此为基点，逆向思考，通过市场品牌经常被投诉的方面去深入研究，形成企业品牌宣传的独特卖点；从根本上避免和处理品牌投诉事件，并维护本品牌权益，避免企业品牌在市场上形象受损。

1. 逆向审视品牌投诉，恰当设计品牌内容

品牌的核心内容是把品牌呈现给市场和消费者的重点方面。对于企业而言，除了正向探索品牌营销点之外，也可以从较为典型的品牌投诉内容切入，从其他企业被投诉或消费者不满意方面，提取自身的品牌营销点。

我们以传统餐饮企业为例：如果在一家生意火爆的餐厅吃饭，客人经常为等位时间久而抱怨、不满。作为客人，自己饿着肚子的同时看别人用餐，这是让人非常痛苦的。而海底捞颠覆传统等位模式，设计了一种新型等位模式，甚至让等位变成了一件令客人愉快的事情。

在海底捞，取得就餐号的客人可以坐在等位区，享受服务员奉上的各种免费水果、饮料和零食；如果多人就餐，服务员还会主动提供扑克牌、跳棋、围棋之类的游戏工具，供众人消遣；客人可以在等餐时间里做做免费美甲或擦擦皮鞋，也可以通过海底捞的公众号获得两张免费打印的美图照片。

从消费者不满意甚至在业界经常被投诉的方面入手，海底捞设计了一种与众不同的经营模式。而在使消费者满意的结果导向下，海底捞将此作为品牌内容——让人们想起海底捞，就自然而然想到它的独特等位模式以及其细致入微的服务。所以，企业在设计自己的品牌时，不妨将高频的或独特的消费者投诉点逆向转化为企业品牌内容，并将其作为营销卖点广而推之。

2. 重视品牌投诉事件，积极调整品牌经营问题

在企业日常经营中，因延迟配送、订单错误、数据泄漏、产品召回、仓库配送系统故障等失误发生的消费者投诉事件，常常是难以避免的。对于企业来说，如果处理不当，那么很可能由此引发品牌危机，使得消费者对该品牌敬而远之。但是，如果能得到妥善处理，却可以使企业品牌收获更多消费者。

Rent the Runway 是一家时尚租赁平台。一位消费者曾公开抱怨："这家平台取消了她一件藏青色闪光亮片礼服的配送，而她原本打算穿这件礼服参加妹妹的婚礼。"据称，这家公司的仓储物流系统突然崩溃了，当时有数百张订单因此受到影响而未能按合约履行。而这位消费者当时只收到了一封被告知租赁合约取消的邮件。在她打电话向该平台进行咨询时，又足足等待了 40 分钟才接通电话；待到电话接通后，客服人员也没有积极主动地提供细致有效的服务；6 天后，这位消费者才收到了租赁平台退款；而该公司承诺给消费者的 200 元礼金补偿，则又拖了 8 天才转入到该消费者的账户上。这位消费者称："这个租赁平台的问题处理和退款流程非常缓慢，服务体验也非常不好……再也不会使用这个租赁平台的服务了。”

很明显，当遭遇品牌投诉或危机时，企业品牌所选择的处理、调整方式，将对企业品牌的市场声誉产生极大影响。北美货运巨头世高（Seko）物流公司的营销部副总裁 Brian Bourke 曾这样说道：“一场重大危机也是一个机会。要是能力挽狂澜，他们就可以赢得终生的消费者。”因此，当企业遇到消费者投诉事件时，一定要正视问题，主动思考，积极调整品牌经营策略，防止舆情小事恶化为品牌危机。这应当作为企业把控品牌的重要方面。

3. 敢于抓起法律武器，维护本品牌的合法权益

当然，有时候并非所有品牌投诉都是正当的。当企业发现企业品牌遭受非正常对待、权益受到侵害、品牌形象受损时，要积极主动地通过必要的法律途径来维护自己的合法权益。华为在国际市场上的遭遇以及华为的应对举措，堪称教科书级案例。

2002 年，思科全球副总裁带领一行人员“造访”华为公司。思科一方声称，华为公司的产品侵犯了思科产品的知识产权，要求华为公司“承认侵权行为，停止销售产品，并做出巨额的赔偿”。面对思科一行人等表现出的咄咄逼人之态，华为公司提出：华为公司可以中止销售这部分存在争议的产品，但是拒绝接受关于产品侵权的指责。对于一个企业来说，承认侵权行为是对其品牌形象的巨大损害。

后来，思科公司通过制造舆论压力的途径，未审先判地指责华为公司偷了思科公司的技术，而后开始向华为公司放出漫天箭镞。2003 年 1

月，思科公司在得克萨斯州联邦法院对华为公司提起专利诉讼，其诉讼内容多达 77 页纸。思科公司向全球近百位新闻发言人、也第一时间向各大媒体发布了诸多不利于华为的信息，并对华为公司的潜在消费者提出警告，建议他们不要购买华为公司的产品，以免给他们造成连带赔偿。

如果思科公司在此次诉讼中获胜，那么华为公司将在未来很长时间里再难进入美国市场，而其他国际市场领域也会遭遇思科公司的步步狙击，华为的国际化进程将更加坎坷。

面对窘迫艰难的市场形势，华为公司迅速组建了一支由数位副总裁领衔、多名专家参加的应诉团队，赶赴美国应诉。他们一边积极与美国政府保持良好的沟通，一边在公关公司的帮助下，与《财富》《华尔街日报》等美国的主流媒体进行交流，使美国媒体纠正对华为公司的错误看法。当这些媒体听说“华为自 1998 年起，就聘请一流的国际顾问公司为自己做财务、审计、管理等服务”时，他们非常震惊。为了验证这些信息的真实性，各媒体陆续采访了普华永道、摩托罗拉、IBM 等华为曾经邀请过的顾问公司，这些公司对华为公司给予了高度评价。2003 年 5 月，美国媒体对华为公司及关于专利之争的正负面报道已经趋于对等。

在长达数月的庭审过程中，华为公司与思科公司激烈交锋，双方多次举证，庭审一度陷入胶着状态。但是双方都明白，此次专利之争取得胜利的关键在于：彼此产品的源代码是否相似。2003 年 10 月 1 日，双方律师对源代码的比对工作结束，并得出判定：华为的产品是“健康”的。10 月 2 日，思科公司与华为公司终于达成了和解。

虽然这场专利诉讼历时很长，华为公司耗费了大量人力和物力。但是，这场竭力较量的过程也使过去在国际市场上籍籍无名的华为，自此得以声名大噪，获得了更多国际消费者的信赖。此后，华为公司将企业的财务审计报告全部交由毕马威（KPMG）机构来负责，大大增加了某些国家或企业在试图抹黑华为公司时肆意捏造证据的难度。

这场专利之争给很多企业敲响了警钟。如果企业缺少知识产权保护意识，对之维护不力，那么很可能使企业受到生存威胁或实力质疑，继而导致自身陷入被动地位。所以，必须强化对产权保护的力度，积极打造知识产权组合。而且，知识产权申请也可以让企业的创新行为和创新成果在业界内获得法律保障，避免其专利被不正当地滥用，为企业品牌带来更大的市场竞争力和利润收益。

四、反复沉淀品牌资产，规避品牌资产流失现象

持续打造新的企业品牌，往往需要企业持续输出较多财力、物力、人力，甚至还会造成现有品牌资产的流失。但是，如果企业能够让品牌日复一日地深入人心，让品牌资产逐步沉淀下来，那么企业反而可以同时实现“减少品牌推广费用、获得更多的经营收益”的目标。因此，企业应重视对品牌资产的反复沉淀过程，让品牌资产能够持续增值，减少因品牌焦虑而产生的无效动作，规避品牌资产流失现象。

1. 打造品牌文化底蕴，从容释放品牌的强大魅力与实力

当今时代，各种品牌层出不穷，而且各自都有各自的优势。例如，良好的营销手段和引人入胜的品牌故事。然而不少品牌仅出现极短的一段时间，便消失在了消费者的视线中。实际上，想要长久地在消费者心中占领一席之地，在市场竞争中获得更大的份额，切忌对品牌进行过度营销，而要更侧重于品牌文化内涵的积累和沉淀。

（1）严格把控品牌营销的“度”问题

一些企业大手笔、大批量地投放广告，希望通过广告轰炸的形式将品牌打入消费者的内心，实际上是一种过度营销的表现。而在此过程中产生的营销成本投入，又会在后期转嫁给消费者。此外，一些品牌通过相对恶俗的营销方式，一度使品牌产品获得了较高的市场关注度。但是，大多数消费者会因这类产品的“恶俗”而抵触购买。

我们可以这样说，营销过程实际上是将企业、产品、品牌一起放在社会大众面前接受审视，企业、产品、品牌身上存在的不足或欠缺，也会因过度营销而暴露，甚至被放大，这会给企业带来很多负面影响。所以，企业要严格把控营销的“度”，避免出现过度营销的行为。

（2）在品牌沉淀中强化品牌印象

每个优质品牌都有其独特的文化传统和价值取向，这是品牌长期保持市场份额的重要因素，也是决定性因素。事实上，国内外的很多品牌，特别是那些百年老字号品牌，它们之所以能够长期经营，保持稳步盈利，都是因为它们的品牌形象已经被牢牢印在消费者的心里。

葵花药业是享誉全国的知名药业品牌，“葵花”商标被认定为“中国驰名商标”，在消费者心中的知名度非常高。在儿童药战略上，葵花药业使用了“葵花”牌商标，创作了一个小葵花的卡通形象来代表儿童药品牌。在品牌结构问题上，葵花药业选择采用直观的形象去区分不同的品类，在以“葵花”为背书的前提下，创作了小葵花、葵花姐姐、葵花爷爷的葵花家族形象，分别代表葵花药业的儿童药、妇科药和其他常用药品。

而从品牌推广的角度来说，企业也不需要选择邀请明星来代言的运作模式，因为葵花就是葵花药业的形象。只要有一个广告播出，就可以带动葵花药业所有的药品销售。对于很多消费者来说，只要看到药品盒上的葵花标识，就会自然而然地想到“葵花药业”。

这种品牌识别度与品牌信任感，实际上就是企业品牌资产长期沉淀的结果。分析其中的原因，一方面是因为品牌是各种文化融合、产品实体与品牌符号结合的结果，是一种企业文化魅力的突出体现。另一方面是因为文化是品牌的内涵所在，企业品牌的提升离不开企业文化，企业文化必须渗透在品牌之中，并发挥无可比拟的作用。

从消费层面来说，不同的消费者会从价值功能、利益认识、审美情趣等方面，对品牌作出截然不同的评价。可以说，那些具有良好文化底蕴的品牌，更有助于建立品牌的知名度与美誉度。所以，企业在品牌设计和运营过程中，要格外关注品牌文化内涵与消费者消费诉求之间是否能够充分契合，并让品牌在日积月累中缓缓释放其文化内涵，使一代代消费者都能接受和喜爱这种品牌的文化底蕴。

2. 积累知识产权，在品牌背景下转化为财富资产

不少知名企业通过智力创造（比如发明、外观设计、文学和艺术作品）以及在商业中使用的标志、名称、图像，来打造企业自己的知识产权。而在商业社会中，人们对智力劳动成果的产权认可，更是推进品牌实现财富转化的思维源头和有效途径。

迪士尼一直积极开发拥有自主知识产权的商品，不断寻求创作出可以用于许可证产品的新角色形象，参与具有许可证意义的出版物的写作和插图的创意工作，并在美国本土和全球各地建立了大量的迪士尼商店销售其授权的品牌产品。如今，迪士尼在全球拥有超过 4000 家特许经营商家，特许经营范围覆盖了图书、家具、玩具、手表、体育用品、服装等诸多领域，特许经营收入已占据了迪士尼收入的最大比重。

再以国内企业华为公司为例，华为对知识产权是非常重视的。2021

年3月16日，华为发布《创新和知识产权白皮书2020》。白皮书中指出，截至2020年底，华为全球持有的有效授权专利达4万余宗（超10万件），其中90%以上专利都是发明专利。华为知识产权部部长丁建新透露，华为公司2019年到2021年这3年的知识产权收入预计将在12亿到13亿美元之间。

目前，这两家企业在它们所对应的行业领域都拥有最具价值的知识产权组合。而知识产权申请不仅使企业的知识产权在业界内获得了法律保障，同时也能够使企业获得巨大的营业收入。可以说，基于长期的知识产权积累，企业品牌的价值会在岁月中得到了更好地沉淀，同时为企业吸引更多的财富。

3. 以理性严谨的态度，确认品牌转型的必要性

品牌转型是企业品牌发展进入一定阶段之后的一种必然选择。为了保障企业品牌的市场占有率和品牌变现效果，企业必须时刻洞察市场变化，确认品牌在不同时期的内涵呈现和当下市场的认同标准是否契合，使品牌持有者获得长期发展的机会。

（1）组织消费市场调研

促使品牌转型的必然因素，通常是消费者需求发生了急剧的、根本性的变化。而了解这种需求变化到底呈现怎样的规律或典型表现，是确保品牌转型成功的市场基础。同时，企业要横向对比竞争对手的品牌特征和品牌形象，区分双方之间的优势和劣势，以便后续真正启动转型时能够探索出一条差异化的品牌转型途径。

（2）判断品牌转型的必要性

企业必须确认“只有通过品牌转型，才能获得企业在某个新领域的竞争力”。确认只有品牌转型一条路了，如此才有必要去正式启动品牌转型的具体事宜。不过，在现实中，对于很大一部分企业来说，完全可以通过品牌延伸，进一步强化品牌的某一既有优势，而不是通过品牌转型来打造品牌的竞争力。所以，在正式实施品牌转型之前，务必先确认这一点，这样也可以避免原有的品牌资产因转型而流失掉。

（3）保障品牌转型的成功性

品牌转型是基于原品牌进行的再定位和再策划。对于任何企业而言，品牌转型都是一项非常艰巨的任务和为期不短的战斗。在这个过程中，企业需要明确品牌与企业发展战略之间的关联度与匹配度，对企业品牌与产品品牌进行识别度较高的品牌定位，避免消费者出现品牌混淆的认知错误。

为了保障新品牌的定位、规划和落实效果，企业应当在具体实践过程中对品牌转型工作予以足够的重视，将之作为企业各项经营管理活动中的重点进行规划与安排，设计一整套科学系统的品牌设计方案和切实可行的品牌营销推广措施。

企业必须认识到：在这场大浪淘沙的残酷市场竞争中，企业必须学会观察市场，及时捕捉未来情势变化，科学规划品牌转型事宜，确保企业有能力在一次次尝试中让品牌发展日益趋向成功与强大。

第四章

找准定位，突破常规，打造个人品牌

个人品牌指个体通过外部形象与内在素养（如知识、文化、技能、理念、品性等）打造出的一种独特印象、口碑、知名度。个人品牌具有可识别性、长期性、稳定性等特征，能够影响群体认知并带动实际消费行为，是需要预先定位和准确塑造的。概括地说，个人品牌是一个给予“人”这个特定“产品”所产生的被认知的形象，这一点与企业品牌是很相似的。

一、把握品牌管理逻辑，寻找突破常规之法

个人品牌建设与管理并不是一个简单的过程，需要厘清最底层的品牌架构，在品牌差异化过程中锁定适宜的自我定位，再去设计和规划适宜的品牌变现渠道，以实现有效的商业转化。这是品牌管理的基本逻辑。

1. 系统性的个人品牌规划，把握基本步骤

创立个人品牌之初，我们必须首先明确以下问题：为什么要做个人品牌？是联合产品，还是为了走资本化路线？是为了产业重塑，还是为了某个新的创新领域积累？只有把这些源问题整理清楚，才能在后续做好个人品牌规划。一般来说，我们在品牌建设过程中要特别重视以下三个方面。

（1）对企业家视野的重构

如果企业家自己已经成为个人品牌，那么他所做的应该是一门事业，一门以自己的精神烙印赋能品牌精神和产品精神的事业。当然，打造事业与商业变现之间并不相悖。并不是做事业了，就不能考虑商业资本变现了。但是，商业变现不能仅仅停留在获取利润的物质层面，不应该是一种只为赚取差价的小买卖，或者一门通过渠道和信息获得收入的生意。

（2）重视榜样的营销矩阵

榜样营销是以品牌个人为榜样进行有效的宣传与推广，这是打造个人品牌的重头戏。在过去单元的媒体时代里，一条 TVC（电视广告影片）即可走天下。而在如今这个多元、碎片化、全球信息自媒体时代里，这种品牌传

播介质形态已经被更多新型的介质形态所取代或融合。此时，更需要明确：用户和消费者在哪里，品牌传播动作就应该出现在哪里，并打造出系统的个人品牌营销矩阵，以强化个人品牌的营销效果。

笔者在通过新媒体介质做传播时，更为关注的是个人气质与新媒体介质平台、企业与产品气质等方面的契合点，即“基因匹配”。如果这种气质基因匹配不当，就会让人产生不舒服、别扭的感觉，会由此对品牌个体产生一种虚假感，从而不利于个人品牌的成功打造。

此外，也需要关注平台的经营周期和各平台的红利期。一般来说，每个新平台上市初期都会给予新用户很多帮扶，从而为平台吸引流量；而平台形成一定的公众知名度时，是最容易获得营销红利的时期。而对于品牌宣传主体和对象来说，前者是最有助于节约品牌营销成本的时期，后者是最有助于品牌营销效果的时期，都是非常值得重视的周期节点。

（3）保障品牌价值与场景的契合

在打造个人品牌时，应将个人品牌价值进行创新并融入品牌场景之中。对此，品牌人、公关人、营销人都要尝试基于人性去反向思考，找到那个能够体现价值场景的点或者场景本身。

2020年3月，奢侈品牌路易·威登（LV）在小红书平台进行了第一次直播，后来被评价为“一场不合身份的网红带货廉价直播”。从背景设计到直播选品，再到主播穿搭，都与奢侈品的品牌精神和审美定位不够一致。部分网友甚至直接将其与乡镇网红的露天集市直播进行关联比较，对于这位主播与路易·威登来说这都是一次失败的品牌活动。

一般而言，个人品牌和产品品牌本身应与目标消费人群的心理期待和消费层次是契合的。并且，能够根据目标消费者群体的价值需求，创造打动心灵的场景。而选择直播模式的品牌或产品往往是“接地气”的，这与奢侈品类品牌所呈现的价值面貌是有所区别的。主播呈现的品牌价值与路易·威登的品牌应用场景存在错位问题，直接导致此次品牌活动的失败。

事实上，不论是打造个人品牌还是打造产品或企业品牌，都需要慎重考虑品牌与消费应用场景之间的匹配性和契合度，而不仅仅是为了盲目追求某种新颖时尚的打法。近年来，很多品牌特别重视借力智能化元素去架构最适宜的品牌营销与应用场景，并取得了很多成功经验，对此我们将在第八章中予以重点阐述。

2. 实施个人品牌的关联定位，找准品牌差异化方向

前文我们论述了如何进行个人品牌的定位。不过，在这方面还有一个重点是需要注意的，那就是品牌定位的差异化。我们要使个人品牌能让消费者感到眼前一亮，这是品牌管理的重要一步。如果一个品牌缺少差异化记忆点，那么它是很难获得消费者青睐的。一般而言，关联定位是个人品牌的一种重要定位策略。

关于关联定位，有三个重点：一是锁定行业；二是进行行业细分，找到与其他不同之处；三是陈列显性头部品牌。比如，锁定一个行业的细分领域，然后确认已经达到头部位置的个人品牌有哪些，以及这些个人品牌的突出特征是什么。

举个例子，我们罗列一位知名企业的创始人或核心人物，界定其独特的人格特征。接下来，就是与这些头部的专业品牌进行关联、对标。通过关联定位的方法，可以帮助人们展开联想，在头脑中形成这样的认知：这个人可以和名人品牌比肩，那他必然也是个厉害角色！郭德纲有段相声：“比如我和火箭科学家说，你那火箭不行，燃料不好，我认为得烧柴，最好是煤，煤还得选精煤，水洗煤不好。那科学家要是拿正眼看我一眼，那他就输了！”这说的就是关联定位之于个体的作用。

当然，关联定位的范畴不仅限于国内的个人品牌，也可以对国外的个人品牌进行分析。其中的关键在于：结合不同环境和时代背景，区分市场竞争性，而后对个体进行差异化定位。

3. 向细分领域扎根，打造属于自己的独特标签

确定个人品牌的大致领域之后，即可对细分领域做进一步划分。

众所周知，每一个行业都有不计其数的细分市场。我们在打造个人品牌时，可以把细分领域的知识投放到个人身上，汇聚细分领域的高端资源，尽可能地使自己成为细分领域“第一人”；次之，成为领域先行者、领域专家，这是个人品牌打造受众记忆点的关键所在。

以健身行业为例。此行业可以细分出瘦腿、瘦腰、美臂、美背、练马甲线等很多领域，而每一种细分领域都有专家。如果在这些较小的细分领域提炼品牌标签，进行个人品牌的打造，相对容易成功。

再以餐饮行业为例。仅中国的餐饮就可以细分出八大菜系与地方小吃、各式面点等，其中面点又可以细分出饼类、饺类、条类、糕类、包类等很多种类。如果某个人能够将其中任何一方面做到极致，那么他就可以成为这个细分领域的“第一人”，自己为自己代言。

事实上，纵然再小的细分领域，在中国市场上都有不容小觑的市场潜

力。只要能够向细分领域扎根，那么就有机会让个人品牌独树一帜，在商业红海中乘风破浪。

有一位育儿专家在某平台上设立了营销号，但多年来发展不甚理想。后来，她开始关注一个非常微小的细分领域：0—3 个月婴儿的睡眠。没过多久，她的营销号就吸引了 200 多万粉丝的关注。这就是“0—3 个月婴儿的睡眠”这个育儿领域细分带来的效果。

4. 因应当下需求，选择适宜的品牌变现途径

每个人都有将个人品牌变现的能力。个人品牌就是影响力，只要有足够的影响力，变现的途径多种多样，不同的人可以选择不同的变现途径。

（1）知识付费变现

近年来，越来越多的人愿意为学习知识或分享他人经验而付费，这也为个人品牌变现提供了机会。目前，常见的知识付费模式包括：在知识付费平台卖课程、在社群卖课程、项目咨询。

目前，知识付费平台多达数百家，其中较为知名的有：得到、喜马拉雅、网易云课堂、千聊、荔枝微课、每周微课、十点课堂、樊登读书等。我们可以选择垂直领域的平台，并根据平台特性选择入驻合作。

在社群卖课程，最常见的模式是在社群内讲课、安排作业以及在社群内的互动沟通。目前很多线上训练营都采用这种模式，比较适合希望深度学习的人员。

项目咨询，很多企业和个人会针对某个项目，严谨地选择专业人士进行咨询。传统咨询项目如：战略咨询、营销咨询、法律咨询、心理咨询；近年来，各行各业都涌现出咨询服务需求，如穿衣搭配、发型设计、文案写作、

PPT 制作、社群营销、职业发展……

如今，越来越多的人愿意为了获得知识和经验，向“专业”的人员咨询，听取建议，并乐于为此付费。这已经成为个人品牌变现的一种有效途径。

（2）广告流量与带货量变现

个人品牌可以通过与广告宣传或实物销售相连接，由此达到商业变现目标。

近年来，很多“大 V”在公众号上售卖广告位。如果一个公众号的粉丝量达到千万级别，其广告位价格可以达到 30—50 万元；粉丝量百万级的营销号，其广告位标价约在 2 万元。再比如，在快手、抖音等平台上的号主，往往会有一些广告主主动与之寻求合作，通过广告流量和带货量来变现；还有一些号主，自己为自己打广告，直播带货。这里所说的广告流量与实际带货量，都是个人品牌变现效果的体现。

此外，很多企业家和职业人也会因打造个人品牌而带动产品销售。比如，一些人因为喜欢雷军而购买小米产品，也有一些人因为崇拜任正非而购买华为产品，这本质上也是个人品牌在发挥变现效应。

当然，个人品牌变现的路径是自己规划出来的，变现的方式和结果也各有差异。我们要根据品牌特征，找到最适合自己的路径和方式，把力量集中在自己最擅长的领域，这样才能让个人品牌实现有效的商业变现。

二、系统规划个人品牌内涵，聚焦个人品牌价值呈现

如今这个时代已经逐渐发展成为自商业时代，个人品牌俨然成为个体发展的最佳护城河——个人品牌一旦打造出来，就很难被复制，只要不断更新，那么它的价值会历久弥新。因此，个人品牌是值得被认真打造的。

1. 梳理个体成就事件，找准适宜的品牌领域

在移动互联网时代，几乎每一个人都有机会通过有意识地塑造，从 0 到 1 打造个人品牌，通过个人品牌的超级影响力实现自己的价值变现。而要打造个人品牌，必须预先找准适合自己的品牌定位。

因此，预先明确自己喜欢和擅长的方面是非常重要的。这里，我向大家介绍一套方法——三个成就事件法，找出自己热爱的和擅长的，以期充分发挥自己的特长。

三个成就事件法，指在自己过去的经历中找到三件让自己颇有成就感的事情，然后从每件事中提炼出几项核心能力，最后从其他两件事找出相同的核心能力，以此来建构自己的核心能力圈。

（1）描述成就事件

在描述成就事件时，可以五六十字来精准概括，重点概括事件操作过程中涉及的方法和成就点。

（2）提炼核心能力

在每一个成就事件中梳理出自己的几项能力（尽量控制在 5 项核心能力

以内）。然后界定这些核心能力中重复出现的部分，这些重叠的能力部分就是一个人的核心能力。

通过个人成就事件得出的往往是基础能力，比如逻辑分析能力、语言表达能力、管理能力、写作能力等。通过对这些核心能力的分析，我们可以判断当下的定位是否真的适合自己。如果逻辑分析能力强，可以选择数据分析、营销策划、媒体推广等职业领域进行品牌定位；如果语言表达能力强，可以选择销售、演讲、讲师、主持人职业领域进行品牌定位；写作能力强，可以选择从写作能力培训与分享等领域进行品牌定位。

通过三个成就事件法，我们可以分析判断自己是否具备做一件事情的能力。在这一认知的基础上，我们再来探讨如何把自己的优势能力发挥到极致，以期更快打造自己的品牌效应。

2. 重视个体品牌内涵，展现个体知识体系

锁定品牌领域之后，即可设定个人品牌内涵，使自己区别于其他个人品牌——这往往建立在专业知识体系的基础上，即围绕某个领域构建的一套逻辑化的、系统化的、能够解决问题的方法论。

雷军最初做小米时远没有现在的知名度，可以说知道他的人少之又少。如何不花钱又能快速提升影响力？他建立了一套互联网思维的知识体系，简单到只有7个字：专注、极致、口碑、快，被称为互联网思维7字口诀。这套知识体系为小米带来的关注度，远远超越数亿元广告费带来的流量，让雷军在极短时间内在整个网络爆红，红到发紫。除此之外，雷军还有一套“爆款”理论，直接帮助小米手机将一年的出货量提升至

6000万台。这两大知识体系，使小米以最快的速度发展成世界500强公司，上市市值高达3700多亿港币。

美国的巴菲特有一套关于投资的知识体系，即“价值投资”体系。这套知识体系指导他只投最有未来价值的公司，帮他赚取了巨额的个人财富，使他登上了2008年世界首富的宝座。

有人可能会说，打造一个特别优秀的知识体系是很有难度的。的确，普通人往往很难达到雷军和巴菲特的境界，但是我们可以尝试去搭建一套相对简单的知识体系。比如，一套系统快速收集网络资料的知识体系，一套快速简单锻炼身体的知识体系，等等。通过自己建立的简单的知识体系，让个人核心价值得到十倍乃至千百倍的升级。这是个人品牌得以脱颖而出的秘诀所在。

3. 实施高价值定位，充分展现个人品牌实力

一个好的品牌定位，可以让个人品牌在付出同样时间与精力的情况下，获得更大的收益。而高价值定位就是在付出同等努力的情况下，能够带来更高价值回报的定位。

举例来说，对于同一项专业服务，在某个地域内的知名人士会比无名人士的收费多出两三倍，行业内意见领袖比普通专业人士的收费高出七八倍，国际级品牌会比普通品牌的收费高出十几倍。这就是品牌对于个体财富的直接影响。

那么，如何进行高价值定位与管理呢？就是在自己擅长的狭小领域不断深耕，把1米深的井挖1万米深，由此锁定一个高价值区，然后再对自己的

高价值区进行充分呈现。

在这个竞争越来越激烈的时代，不论处于哪个领域，要想让人们愿意认识并接受，就不能默默无闻地工作，必须充分而清晰地呈现品牌的实力，别人才能认识到品牌的价值所在。否则，再优秀的人也可能被铺天盖地的信息湮没。

而要想让一个品牌被众人看到，让这个品牌获得成功，就需要让人们能够充分理解这个品牌的个性化特征，并认可个人品牌产品所承载的高价值，这样才有机会让个人品牌获得持续发展并实现商业变现目标。

三、认知个人品牌边际，科学筹划品牌的未来

个人品牌效应都存在一定的边际。伴随着时代发展和市场变化，任何个人品牌的发展都会在一定周期之后呈现瓶颈状态，发生诸如消费群体规模缩减、品牌变现效果减弱、负面评价增多等。这时，就需要个人品牌持有者打破品牌局限性，科学筹划品牌的未来发展。

1. 打破品牌当下局限，提升个体的专业属性

打造个人品牌的过程，不仅是学习技能、提升影响力的过程，也是提升变现能力的过程，更是不断重构自己思维模式的过程。因为，一个人只有敢于打破自己的认知局限，以一种前所未有的视角去看待发展与成长，去审视自己的事业和周边的世界变化，才能真正突破自己的认知边界，持续成长为一个更优秀的自己。

个人品牌持有者要实现自我提升，就必须准确判断自己的能力状态。特别是在个体能力不能切实满足目标需求、存在明显的能力短板或能力成长速度严重滞后的时候，品牌持有者必须主动采取行动、做出积极的改变。

品牌持有者需要对个体实际能力情况作出系统评测，了解实际能力与预期能力之间的差距，明确个体能力的长板与短板，设定具有针对性的个体能力提升计划，并保障品牌投资效能目标的实现。一般来说，品牌持有者可以从两个角度来进行自我调整。

（1）纵向强化能力，提升个体专业水平

对于个人品牌持有者来说，需要在一个领域持续深耕，提升个体的专业能力水平，让品牌消费者看到其持续升级的专业属性。

马尔科姆·葛拉威尔曾在《异类》一书中提出了“一万小时定律”，就是说不管人们做什么事情，只要他能够坚持一万小时，那么他基本上可以成为该领域的专家。这说明，人们在学习过程中，要想完美掌握某项复杂技能，实际上存在着一个练习的最小临界量。很多研究者们就练习时长，给出了这个神奇的临界量：一万小时。而任何一位世界级的专家，无论是作家、运动员，还是钢琴师，其在专业领域上的训练大多不会低于这个数字。这也意味着，当人们专注于某一领域的研究和训练时，人们在这方面的领悟会更为深刻，能力提升速度也会更快。

在推进自我能力专业化的过程中，品牌持有者可以设定多个能力级别，审视自己当下的能力水平，逐步设定自己可实现的晋级目标，深度研究，勤心耕耘，那么其得到的领悟和进步将是不容小觑的。而对于个体品牌来说，较高的专业性同时也代表他的可信度。

（2）横向拓展能力，扩展个体品牌覆盖领域

能力横向拓展主要指个体技能面的持续扩展和更大覆盖。在现代社会，随着社会分工的日益精细化，各产业链上各个环节无不在追求专业度和精深度。所以，个体品牌在实施横向拓展时，也要以专业能力为基础进行多方面定位，扩展个体品牌覆盖领域或关联性。

2009 年，任正非在与华为核心工程队相关人员座谈时，特别强调：过去我们的干部都是“直线”型成长，对于横向的业务什么都不明白，所以，现在我们要加快干部的“之”字形发展。我们强调宰相必起于州郡，猛将必发于卒伍。当然我们是优先从这些实践人员选拔，今天我们同时将各部门一些优秀的苗子，放到最艰苦地区、最艰苦岗位去磨炼意志，放到最复杂、最困难的环境，锻炼他们的能力，促进他们的成长，加强组织的选拔。想当将军的人必须走这条路，这就是我们组建这个队伍的目的。在这里，任正非向华为领导干部所强调的重点，便是一定要持续拓展自己的横向能力。

横向拓展能力是建立在原能力基础上，以之为原点，向周边领域或上下游环节拓展的。对于个人来说，如果他具备多种技能，不仅可以规避意外情况下的整体效能下降，避免损失预期效益，还可以拓展品牌业务覆盖范围，创造更多收益机会。

（3）以积极的态度，勇敢地拥抱变化

每个人的能力都是具有一定的时效性。人们之所以愿意为某个个人品牌付费，往往是因为它的能力契合消费者的需求，且呈现一定的稀缺性。但是，这并不意味它们的能力永远契合当下需求和未来需求。所以，人们在进行自我投资时应该面向未来，考虑如何获得更持久的收益。

如果是在需求已经切实发生改变之后才发现自己的核心能力已经落伍，那么更要快速打起精神，直面自己的落后或不足，积极探求个体品牌调整的方向。任正非说过，真正的自我成长，就是要敢于面对变化，拥抱变化，并不断打破成规，自我革新。无论将来会产生多少风波，我们也要努力去拥抱时代变化。事实上，不仅个人品牌持有者需要考虑变化，身处这个多变时代中的每个人，都应重视随时都在发生的变化因子和变化趋势，竭尽所能地向前划桨，如此才有个体品牌的持续发展，个体才有机会成为更好的自己。

2. 重视正面口碑的影响，强化个人品牌效应

在日常生活中，一个人的能力水平和品质德行往往会影响一个人在业界的口碑，并由此成为个性鲜明的个人品牌标签。而品牌标签会给个人带来与之匹配的财富量。企业领导者所聚集起来的品牌效应甚至会波及整个企业的财富总量。

通常情况下，个人口碑的形成最初都是源于个人的能力覆盖的领域或特长；待个人能力越来越强并创造出成绩的时候，他的业界口碑和标签特质就会越来越明显。比如，我们在评价一些人时，可能对他下这样的评语，“他很有写作天赋，在 16 岁参加征文大赛时获得第一名，后来出版图书，每本书都是畅销书”，“她非常喜欢且擅长销售服装，年年都是销售冠军”，“她从小就喜欢服装设计，极为擅长把握服装潮流”，“他有 17 年证券、基金行业从业经验，年均投资回报率达到 12%，有些基金的任期回报率已经达到 400%”，等等。当个人的品牌效应越来越明显时，也会吸引财富向其聚集，所以，这也是一个非常好的财富创造途径。

过去，大多数人的口碑是口耳相传形成的，甚至“无声胜有声”；如今，个人口碑和品牌则可以通过网络传播、媒体报道等方式来打造，可供选择的方式如表 4-1 所示。

表 4-1　个人口碑传播的可选方式

传播方式	说　明
网络传播	互联网的出现打破了传统意义上的口头传播，而趋向于互联网寻找与自己有共同兴趣和爱好的消费团体，建立彼此之间的密切关系。同时，群体兴趣的相似性也会形成同伴压力、从众心理和流行风潮，从而使口碑产生飓风般的群体效应。而在很多互联网平台（如头条、一点资讯、微信、B 站、抖音、快手、知乎等）上也会汇集各类相似的信息，并根据平台使用者的浏览偏好进行推送。当个人信息在这种集聚型网络群体中流传时，就会很快引起网络群体的广泛关注
媒体报道	通过媒体发表专访和新闻报道，生动地呈现个人（比如知名学者、知名企业家）的优秀观点或正面事迹，这是提高个人品牌知名度和影响力的一种有效途径。人们可以在媒体传播过程中或者通过搜索关键词，看到一些关联的报道文章，如此便产生了传播效果。目前，很多个人品牌会通过网络新闻营销渠道来提高品牌影响力和个体公信力

不过，无论采取哪一种途径或方法，个人品牌从最初打造到深入人心，都很难在短时间完成。毕竟，任何品牌的培育和经营都需要经过时间的积淀和全方位的修炼。

此外，也要注意负面口碑的影响。如果一个人的个体能力、品质、信用等是负面评价，不符合社会认知，那么个人口碑必然变坏，品牌价值会受损，财富也会随之远去。比如，一些明星因口碑较好而吸引到超级流量，由此“身价暴涨”；而后，在某一日因他们身不正，负面信息被爆出，便会导致他们的口碑变差，品牌价值随之受损，各类索赔也会接踵而来。

作为个人品牌持有者，一定要慎重规划自我投资与管理方式，修正身心，打造优质的品牌内里，打造正面的品牌信誉，营造良好的口碑，由此亦可形成属于自己独特的财富增长模式。

3. 理性评估品牌临界点，找准品牌转向点

任何个人产生的品牌效应都存在发展的阈值，即市场收益的最高或最低

临界点。当品牌即将抵达临界点，呈现品牌发展瓶颈状态或下滑状态时，即是个人考虑实施品牌转向的时候。

当然，人们对最低临界点的关注度是相对较高的。一般而言，当出现以下情况时，就是需要调整品牌未来方向的时候了。

（1）市场消费者对品牌定位的接受度不高

随着时代的变化和消费者观念迭代，一些消费者群开始对品牌内容表现出质疑、反感等情绪，对个人品牌逐渐呈现接受无能状态，粉丝量大幅缩减。这时，需要个人品牌持有者根据需求变化，主动调整品牌内容或者进行品牌转向。

（2）个人品牌的商业变现效果不佳

如果个人品牌的变现效果式微，那就需要考虑调整品牌内容或品牌方向。变现效果是最直接评判品牌临界点的指标。比如，一些自媒体号的粉丝商业转化率大大降低，以至于难以维持号主正常运营，或长期难以达成商业转化预期目标，就需要考虑个人品牌的转向事宜了。

在评估品牌临界点时，个人品牌持有者要保持理性客观的态度，不沉迷于过去的品牌效应，也不盲目锁定新的转向点；最理想的状态是，尽可能像打造新的个人品牌一样去系统分析市场与需求情况，以创新思维去设计品牌转向点。

四、以个体诚信为基础，长期积累品牌信任资产

对于个人品牌资产而言，要想做好长期维系工作，关键在于：让品牌能够有效呈现优质的品牌价值，与消费者之间建立长期的信任关系。此外，还要确保品牌在消费者认知中保持较长时间的、一致的印象，避免出现那些有违品牌核心价值观念和社会公共认知的现象。

1. 优质呈现品牌价值，并推进价值的持续升级

消费者之所以愿意为个人品牌付费，往往是因为个人品牌输出的是优质的品牌价值，或其性价比相对较高。一般而言，品牌持有者必须有足够的实力，持续而稳定地为消费者输出价值，积极塑造个人品牌形象，并让消费者形成这样的感受：这个品牌的有形产品或无形产品都是物超所值的。如此一来，消费者才会愿意长期关注这个个人品牌，并为该品牌所覆盖到的相关产品付费。

近年来，读书会的形式在市面上广泛兴起，线上线下渠道都出现了很多领读者。在这些读书会中有一个非常独特的领读者——UP 子木，她也是 UP 读书会的创始人。和大多数读书会不同的是，她在分享每一本书的过程中，并不局限于解析这本书的基本架构和具体内容，还会再结合自己的实践经验，去分享自己的感想和观点。她提倡“百无一用是书生，学以致用是关键”，强调在读书后的实践，而不是读死书或死读书。

所以，在每一期读书会开展过程中，学员也会在读书群中持续分享自己的实践经验和读书感想，学员之间也可以由此拓展思维、深化认知。此外，她还会邀请关联领域的嘉宾为读书会成员“加餐”，组织美学游学、亲子游等活动为读书会进行价值升级。

总体来说，不局限于读书会的传统功能，而且积极引导消费者学以致用，让读书为生活提供更多方面的营养。对于读书会成员来说，这都属于物超所值的品牌产品体验。而围绕读书会的运作，子木还组织学员进行进步分享、嘉宾分享和各类游学活动，这便是她以实践活动为读书会赋能和推动品牌价值持续升级的过程。

2. 规避负面事件对品牌的损坏，重视信任关系培育

负面事件对个人品牌的损伤力，要远远大于正面事件对个人品牌的塑造力。一旦个人品牌被爆出丑闻或负面事件，将会引发一连串的“多米诺骨牌”效应，轻则名誉扫地，重则锒铛入狱。

比如，一些明星因学历造假、生活作风问题、吸毒嫖娼、偷税漏税等负面事件，导致人设崩塌、锒铛入狱等恶性后果。不仅使与其个人品牌关联的企业或个人利益受损，也给普通民众做了不好的示范，辜负了公众对他们的信任。

而且，要想重塑个人品牌在公众心中的印象，恢复其社会影响力，操作难度是很大的，所需要消耗的物力、人力、财力更是难以估算的。

因此，无论是知名人士还是普通人，都应保持正念，保持较高的道德素养。无论在公众面前还是私下，都能保持长期正向行为，从源头上规避负面事件的发生，培养他人对自己的长期信任感。

3. 保持品牌一致性，呈现始终如一的行为

一致性，这是所有出色品牌的共同点。作为一种品牌，始终如一的做法能为其赢得荣誉，而始终如一的行为也可以比语言更好地诠释品牌。

近年来，我们经常听闻某某明星人物出现人设崩塌的事件，而后这位明星就开始面临“口碑直线下滑、代言取消、支付违约金”等一系列问题。而有的文艺工作者被称为“常青树”，他们为什么能一“红”几十年呢？一句话：他们长期保持较高的道德水准，不挑战社会道德底线，人设常年不变不塌。

我们这里所说的“人设”，实际上就是个人品牌的特质或“标签”。人设未塌，意味着其具有长期的品牌一致性。而对于个人品牌持有者来说，这种长期的信任将成为名副其实的价值资产。

第五章

打造品牌超级 IP，为品牌创造多轮红利机会

IP（Intellectual Property，译为“知识产权”），指具有长期生命力和商业价值的跨媒介内容运营。拥有超级 IP 对探索 IP 商业价值具有极大的意义，如果缺少强大的 IP 运营能力，那么 IP 资源的价值变现将会受到极大限制。因此，如何打造品牌超级 IP，最大限度上地释放 IP 资源的潜在价值，对于获取品牌红利来说是非常重要的。

一、用 IP 打造品牌，启动超级 IP 的孵化之路

在市场上，我们可以搜索到很多品牌 IP。但是，并非所有品牌 IP 都能成为人们认知中那种所向披靡的超级 IP。因为，消费者和 IP 转化者往往会从不同的维度去评判 IP 的商业价值。一般来说，只有那些被消费者或 IP 转化者判断“具有高价值”的品牌 IP，才可能打造出多轮红利效果。

1. 打造超级 IP，逐步实现品牌的顶级差异化

超级 IP 是品牌顶级差异化状态的直接呈现。超级 IP 会使消费者因“物有所值”的价值判断而心甘情愿为产品或服务买单，使该产品不会陷在低端价格战的泥沼之中。如今，市场上已经存在了很多超级 IP。如果对超级 IP 的类型进行细分，我们可以大致分为两种，如表 5–1 所示。

表 5–1 超级 IP 的类型说明

IP 的类型	示例说明
卡通型超级 IP	迪士尼公主、Hello Kitty、米奇米妮、超人、小飞侠等，都是常见的 IP。其中一些卡通 IP 一直在以多种形式推陈出新，所以虽然它们已经存在了几十年，但仍然具有强大的吸粉能力
真实人物型超级 IP	一些企业采取企业创始人 IP 化策略，突出创始人风范与企业文化精神，并将其注入品牌内涵之中，从而产生了巨大的市场和社会号召力。如小米的雷军、格力的董明珠，都属于真实人物型超级 IP

在商业实战中，超级 IP 或者那些相对优质的品牌 IP，往往可以产生难以想象的强大吸粉效应。所以，如果企业能够抓住产品内容价值点，或者从产品形象入手，打造一个可持续发展、可多领域拓展的超级 IP，那么便可

以让这个品牌形成一种区别于其他品牌的顶级差异，从而创造更多的红利机会。

2. 遵循 IP 生成逻辑，推动超级 IP 的成功孵化

企业对于超级 IP 的孵化，通常要经过以下路径：IP 形象设计——IP 形象投射——IP 产品延伸——IP 形象持续革新。这里，我们以动漫 IP 为例，来介绍一下如何进行成功的 IP 孵化。

不少动漫公司都下设动漫工作室、玩具制造工厂、动画频道。一般来说，第一步是由动漫工作室创作一系列动画视频，以之为载体，设计出最初的 IP 形象，通过市场调研来确认“这个形象是可爱的、讨喜的，可以成功进入当下儿童内心世界”，这是 IP 孵化的第一阶段。

IP 孵化的第二阶段是 IP 形象投射。已经制作完成的动画视频，可以安排在电视少儿频道或网络视频的动漫频道播放，可以根据动画片的内容特征，设置免费或付费模式。通常，比较具有知识性的动画或视频，可以设置为付费模式，由此形成第一波红利。

IP 产品延伸是 IP 孵化的第三阶段，也是品牌红利创造的关键环节。儿童在电视或电脑上看过动画视频之后，会开始关注与动画形象关联的玩具。此时，动漫公司就可以通过玩具工厂生产出溢价数倍的产品并上市，由此形成一条环环相扣的 IP 孵化之路。

而且，这些卡通 IP 之间是并行关系，相互之间并不冲突，延伸产品之间也并不冲突。孩子们可以购买带有卡通 IP 形象或标志的布偶、玩具、服装、文具、运动装备等。孩子们如果想要、家长又愿意购买，那么完全可以将它们全部带回家，然后为自己喜欢的动画视频或玩具进行排序观看或使

用。比如，先看奥飞动漫的巴啦啦小魔仙，再看看迪士尼的各位公主们；可以先看奇奇和乐乐，再看小猪佩奇，然后看米妮与米奇；等等。

第四阶段是 IP 形象持续革新。IP 形象要定期更新，让孩子们看到与时俱进的新元素，这样一来，这个 IP 形象才是活生生的，而不至于被时代淘汰。

值得注意的是，因这些卡通 IP 产品具有可爱属性，所以，这些产品的消费群体非常广泛，不局限于儿童，一些成年人也会收集相关的产品。甚至会与一些知名企业设计联名款产品。比如迪士尼用米妮与米奇的 IP 形象，与波司登羽绒服、周大福珠宝公司等很多企业联合出品各类联名款产品。可以说，超级 IP 的变现能力是非常强大的。

基于此，企业即便自主打造多个超级 IP，也不必担心与其他企业存在激烈的竞争关系。对于企业来说，超级 IP 的品牌知名度越高，其产品的延展覆盖率越高，那么其实现品牌爆红的概率越高、红利变现的空间越大。

3. 把握 IP 的价值维度，准确判断 IP 的价值

在实践中，要想准确判断某个品牌 IP 是否可以发展成为一个超级 IP，通常可以从 IP 内容的触动效果、跨媒介能力与商业变现能力等角度来综合思考进而作出系统判断。

（1）内容触动效果

IP 内容对人们的影响效果涉及很多方面。比如，IP 所传递和表达的价值观能否直接击中人们日常生活中的痛点问题，引发人们的当下共鸣或较长时间关注；能否让人们在谈论到它的时候立刻想到与之关联的广告语、存在场景、人格化的表情动作或者关联的资讯；等等。从本质上来说，一个高价值的 IP 必然具备这些典型特征。

（2）跨媒介能力

一个高价值 IP 必须是可以跨媒介的，这是其商业变现的基础。事实上，任何一个能够变现的 IP 往往都具有较高的兼容指数。人们可以将之改编成其他任何媒介形式，或可以创造出更多种类的延伸产品。

比如，一部仙侠小说最初吸引了很多读者，而后可以改编为电视剧、电影、游戏等。此时，这部仙侠小说就可以作为一个超级 IP 去运作，因为它能够影响到一些对应的消费群体，并具备一定的商业变现能力。

（3）商业变现能力

一般来说，商业变现能力有时也是要以跨媒介能力为基础。具有跨媒介能力的 IP，商业变现能力相对较强。

此外，商业变现能力还涉及 IP 自带流量、粉丝量等情况。比如，一个 IP 在一定时间段内的全网覆盖情况，在各平台上的关注度、订阅量、推荐量、打赏额等诸多数据；IP 的粉丝规模、粉丝的付费情况、粉丝对 IP 的影响力、社群规模；等等，这些都是评估其商业变现能力的重要参考指标。

在评估一个 IP 的价值情况时，需要综合考虑上述三个方面的情况，以此来准确判断一个 IP 的未来价值，再集合资源更精准地预测：如果对该 IP 进行投资，那么可能在多长时间内创造出多大的商业回报。

二、以内容 IP 为起始点，实现内容 IP 商业化运作

内容是超级 IP 的起点，也是新商业的起点。我们必须把握好内容，使之具有持续创造能力、传播能力和影响能力，然后再以这种强大的内容力去传递 IP 的差异化属性，如此才可能打造出超级 IP。

1. 打造内容 IP，把握内容 IP 的特殊属性

超级 IP 的突出特点就是内容质量高，且通过文字、音乐、动漫、影视等内容表现形式不间断地曝光，长期保持 IP 的热度，从而引发粉丝的共鸣和持久的陪伴。可以说，内容 IP 是超级 IP 必须具备的精神内核。那么，我们应该从哪些方面来打造高质量的内容 IP 呢?

一般来说，高质量的内容 IP 必然具备以下突出特性：人格化、故事性强、产品性。

（1）人格化

人格化属性非常鲜明，自然有人喜欢，有人讨厌。超级 IP 的设计策划，起源于目标受众群体的定位，也就是以何人为目标受众。

以迪士尼为例，迪士尼拥有很多超级 IP，但超级 IP 不同，其定位的目标受众群体也不同。比如米老鼠、唐老鸭等超级 IP 定位为儿童，公主系列定位为女性，漫威英雄定位为男性，等等。而且，超级 IP 的定位还能继续细分，其人格化特征还会涉及某种价值观、兴趣爱好、审美情趣等。

（2）故事性强

每一个品牌背后都有一段真实的故事，很多时候它可能是一个悲剧，也可能是一个喜剧，抑或是一段缠绵的浪漫史，但更多时候它是一种希望的宣言。奥伦·阿诺德做品牌，讲故事，这个大家都懂。然而，这并不意味着讲故事就能成就品牌。做品牌，尤其是做现代市场背景下的成功品牌、强势品牌、传奇品牌、伟大品牌，必然要在精心设计的条件下，让一连串故事持续发声与发生。

（3）产品性

超级 IP 要有优质的产品输出。这种产品输出是由具象的产品形态与内容构成的。这是一切商业活动的基本定律。

比如，金庸这个超级 IP 的产品是集一系列引人入胜的故事、精彩绝伦的影视剧、优质的武侠游戏的统一体。对于这个超级 IP 来说，虽然故事内容非常重要，但如果缺少了影视剧和游戏的有力支撑，还是会显得不够丰满。而同样一部武侠小说，被改编成不同版本的影视剧及游戏，也会获得截然不同的解读和评价，获得了更大的价值提升。

也就是说，超级 IP 的产品包含两个层次，一是内容层次，一是衍生产品层次。前者是里层，后者是外层，后者依附于前者而存在。对于超级 IP 的打造来说，二者缺一不可。

2. 选择恰当的方式，推动内容 IP 的商业化

在通常情况下，内容 IP 商业化主要通过内容发行、衍生品销售、商品授权、游戏开发及线下体验五种方式实现，如表 5–2 所示。

表 5-2　内容 IP 商业化的主要方式

主要方式	类型说明
内容发行	主要包括图书出版、音乐发行、动画或电影发行、视频发行、漫画发行等。主要买单的合作方包括出版社、音像出版社、视频平台、电视台、漫画网站或 App 等
衍生品销售	主要包括自研产品销售和授权产品销售，通过产品交易来进行变现和盈利。这里说的“品牌授权”包括商品授权、主题授权、促销授权等
商品授权	主要分为食品饮料、服装鞋帽、珠宝饰品、皮具箱包、家纺布艺、美妆日化、钟表眼镜、玩具、图书文具、餐厨用品、家电数码、运动户外用品、家居家装、日消快消、汽车用品等
游戏开发	主要包括通过原来 IP 的主要内容和情节，授权给游戏公司，改编成与原 IP 故事线和场景及角色有直接关联的游戏。因为游戏开发一般来说都是投资大且独立的项目，所以我们把游戏单独拿出来做分类。一般来说，大型的网游和手游的版权费都是每年上百万元或几百万元，游戏授权的方式也是比较多样的，大部分采用保底金加分账的模式
线下体验	主要包括快闪店、主题展览、餐饮主题店、儿童乐园、主题乐园、竞赛活动等。线下体验授权通常会搭配实物授权产品作为促销或营收项目

随着互联网平台的不断发展，为 IP 运营变现提供了更多的可能性，国家也正在积极搭建数字产权交易平台，致力于 IP 运营变现的金融化和平台化探索。这对于品牌运营来说是极大的利好。

3. 重视内容 IP 流量，进入内容创业新时代

内容 IP 本身是自带流量的。当内容创作者成为吸睛的 IP 之后，其流量会自然而然积累起来。

早年微信、快手、抖音等平台的创业者，主要利用导流、互推等方式初步建构粉丝体系。后来，号主们凭借定位的精准细分，表现形式的创新，以及扎实、精彩的内容，逐步成为特征明显的内容 IP。随后，过万流量乃至千万级流量的号主们通过原创作品投放、直播带货、广告播放等模式，让自己的流量变现。

比如，部分大型公众号对公众号上的分栏广告分别定价，头条广告位的广告投放费高达数十万元；再如快手、抖音等平台的号主们可以通过短视频带来的流量获取平台支持，同时吸引流量进入自己的购物入口。如此，便完成了单次商业变现过程。

如果希望内容 IP 能够实现长期的商业变现动作，则需要内容 IP 在较长时间里输出高质量的原创内容，保证输出频率，从而长期获得流量的关注，减少“脱粉”现象。这也是内容 IP 变现的关键所在。

三、开放边界，推进价值联动，打造品牌生态系统

超级 IP 的覆盖领域不能仅限于某个单一领域，而要开放边界，以此保障和提升超级 IP 的表现力和商业变现能力。一般来说，超级 IP 会从打破边界的角度切入，全面打造品牌生态系统。

1. 勇于打破边界，打造品牌生态系统

当人们产生某种需求时，会自然而然地想到某个品牌，这意味着品牌取得了成功。当人们产生任何需求时，都试图在这个品牌的范围内寻求解决方案，这意味着这个品牌 IP 取得了成功。而要想实现后一种成功，就要求品牌主动打破边界，覆盖更多的关联领域，打造一套独具特色的品牌生态系统。

在小米创立之前，几乎所有的智能手机生产商都依靠卖硬件的方式获取利润，如果作为一个普通的智能手机生产商进入这个行业，小米并没有多少优势。为了打开市场，小米选择打造高性价比的智能硬件，并大幅度降低其价格，开启硬件不赚钱的模式。这样一来，那些诟病传统智能硬件高价的手机用户迅速向小米倒戈，传统硬件的优势甚至变成了劣势。

小米在手机领域取得成功之后，又开始打破手机的边界，进行广泛的投资，启动了覆盖高端智能手机、互联网电视、投影仪、空调及一系

列智能家居生态链建设。2016年，小米公司对小米生态链进行战略升级，推出品牌——MIJIA，中文名为“米家”，倡导“做生活中的艺术品”的理念。小米公司旗下生态链企业已近百家，其中小米生态链上市公司有华米科技、云米科技、石头科技、九号机器。2021年，小米集团正式宣布进入造车领域。

小米在其生态系统建设上，一直秉承着开放、不排他、非独家的合作策略，与业界合作伙伴共同推动智能生态链建设。这种品牌生态建设模式，使小米迅速成为智能科技领域的超级IP，创造了更大范围的品牌覆盖效果。

在当今时代，几乎所有品牌的发展，都可以不再像过去一样局限于某个企业或行业之内，而是在生态圈之间或者生态圈与生态圈之间进行更大范围的延展。所以，企业品牌经营者不妨打开思维边界，打破品牌的单点限制，从多方角度协同出发，尝试让品牌自身与关联品牌协同合作，共创共生共赢的生态圈。

2. 强化全面整合，实现品牌优势叠加

对于巨头企业来说，在搭建强大平台的基础上进行平台上下游的垂直整合，这种做法更容易实现优势叠加的效果，能够更好地提升它们的综合竞争力。

以汽车品牌为例，其功能性利益涉及功能、外形、质量、性能、价格等，情感性利益则涉及消费者购买和维修汽车时获得的各种服务体验。在定义品牌价值时，可以从研发设计、物料采购、生产制造、包装出货、销售、售后服务、品牌建设等一系列环节逐步展开，甚至再向前或向后延展，打造一整条能够为消费者创造更优质价值体验的品牌价值链。

凌志汽车着力打造高端的品牌形象，采用了严格的品牌价值链管理策略。从产品研发环节开始，凌志汽车着力营造一种豪华大气的氛围：将所有的产品研发设计人员安排到一处旅游胜地，入住豪华酒店，尊享贵宾待遇，使产品研发设计人员将自身情感调整到与豪华风格匹配的心理状态，进而将这种感觉呈现到产品设计方案中。在物料采购环节，凌志汽车严格控制配件采购质量，严格执行质量检验标准，以确保产品品质和性能卓越。在销售和服务环节，凌志汽车保证经销商的盈利和满意，并提出了“尊贵服务体验”的口号，力求为消费者提供最优质的服务。在品牌宣传方面，凌志汽车主要在一些高档的休闲场所（如高尔夫球场、高级私人会所）进行广告投放。可以说，凌志汽车为了能够树立自己高端的品牌形象，在产品研发、生产制造、销售、售后服务、广告宣传等各个价值链环节上，都是按照品牌价值体系的定位来运作的，力求让消费者在每一个细微之处都能感受到高端品牌带来的优质体验。

在激烈的市场竞争环境下，以品牌价值为导向建立品牌价值链是非常有必要的。

3. 从适当的领域打破限制，推动品牌跨界合作

所谓“跨界合作”，要么是跨越企业自身的边界的合作，要么是打破行业之间的边界的合作。那么，品牌应如何跨越这些边界呢？要点是以品牌的核心能力为基础，与其他品牌之间建立链接，打破边界与边界之间的壁垒。

（1）基于品牌核心能力，设置跨界合作点

一般来说，在实施品牌跨界前，必须确认品牌本身所具备的足以支撑跨界动作的核心能力是什么，或者立足于某个行业，再去确定品牌之间的交叉位置，确定需要与哪些跨界资源进行整合，并以创新模式去设计跨界策略。

大白兔是诞生于1959年的国产糖果品牌，距今已经有60多年的历史。近几年大白兔的品牌活动也一直受到大众的关注，尤其从2016年推出一系列的跨界活动和产品后，越来越受到年轻人的喜爱和追捧。2016年，和国家博物馆打造文创礼盒，和太平洋咖啡合作推出大白兔牛奶味拿铁；2018年，大白兔和美加净跨界合作，推出联名款——美加净牌大白兔奶糖味润唇膏；2019年，大白兔联合天猫香氛品牌“气味图书馆”共同开发了大白兔奶糖味香水、沐浴乳系列，与太平鸟旗下乐町推出印有大白兔Logo的服饰。大白兔的跨界玩法，使之受到了粉丝的热烈欢迎，成为近年来的网红品牌。

大白兔奶糖以其独特奶糖味为核心能力，销量经久不衰。而当它的品牌跨界成为新时期的潮流时，这种传统口味的糖果敢于以一种开放的心态打破行业边界，实现跨界，建立关联，从传统老字号完成了向国民小甜心的转变。这本身就已经成功了一大半。而从跨界合作这个动作来看，大白兔选择的对象也是与自身品牌的调性和核心能力水平相契合的。

（2）基于属性重合，设定跨界交叉点

品牌跨界的交叉点并非品牌经营者或决策者拍脑袋随意选择一个方向即

可确定的，而是要选择一个既适合企业又能在两个领域之间实现高度匹配的关联点才能确定。在实践中，品牌持有者可以发掘当下市场的消费者新需求和适合跨界的领域，然后寻找一个具有重合属性的领域，去组织跨界合作。以美特斯·邦威（服装品牌）和英雄互娱（游戏公司）开展过的跨界合作的为例。

2016年，美特斯·邦威为英雄互娱的《全民枪战》《冒险与挖矿》《像三国》等游戏，进行了服装定制，并在各大电商平台天猫、京东、等发售；英雄互娱则为美特斯·邦威在游戏中策划了品牌推广活动，比如加入美特斯·邦威的特制卡牌、道具等品牌植入。

一个是服装品牌，一个是游戏品牌，两个不同的行业领域之所以能够成功实现跨界合作，正是基于各自的利益交叉点来设置的：双方的消费者属性是具有高度重合点的。具体而言，英雄互娱开发的游戏拥有着极广的忠实玩家，对正版游戏的周边需求量极高，且这些玩家偏向年轻人，而美特斯·邦威的消费人群中有一部分是与之重合的。所以，它们合作起来才更容易成功。

在商业实践中，我们经常看到一些品牌似乎已经日薄西山，但是它们依托其原核心能力，开拓思维，敢于探索和跨领域合作，实施跨界操作，从而探索出一条新的品牌经营方略，创造了更多的品牌发展机会和业绩增长机会。

四、撬动品牌杠杆，实现品牌资产的持续增长

打造 IP 品牌的目的是让企业和产品更值钱。那么，如何借助 IP 品牌来创造更大溢价呢？重视品牌的溢价性，基于现有 IP 品牌资产发展新业务，撬动品牌杠杆来反哺资产价值，就是实现品牌资产螺旋增长的重点所在。

1. 推动 IP 品牌化和品牌 IP 化，打造溢价空间

IP 是一种形象和情感承载，它可以链接到衣食住行等方方面面；而一般性品牌往往只是涉及某个品类，而非全品类。如果让 IP 转化为品牌，那无疑是有机会创造更大溢价空间的。

对于品牌运营者来说，IP 的现有消费者、历史流量和存量、社会知名度等，会使企业在品牌营销时跳过从无到有的过程，使品牌营销的成本大大降低；同时，也会促使现有消费者基于对现有 IP 的认知而自主参与到品牌营销过程中，更有助于品牌营销工作的推进。这也是我们强调打造 IP 品牌，让现有 IP 实现品牌化的原因。比如，我们在前文中提到的图书、动漫等都很容易成为 IP 品牌的源头。

同时，我们也可以考虑逆向操作，对已有品牌进行 IP 化打造。在一向激烈的市场竞争环境中，品牌发展的脚步是不能停歇的。我们要想维护好品牌，就要让今天形成的品牌效应突破过去形成的品牌效应；而要想品牌经久不衰，就必须面向当下的消费者需求，做到与时俱进，持续优化品牌内容，让品牌印象在消费者心中逐步深化，让品牌 IP 发展成为超级 IP。

一般来说，可以将品牌动漫化、公仔化、人物化，由此产生人格化的Logo或吉祥物。品牌IP化后，可以凭借其独特的内容，自带话题势能，自发传播，形成口碑，最后进入消费者或用户的生活方式中，最终促进业绩的提升，实现商业变现。

2. 基于跨界思维，引导多频的品牌消费行为

超级IP品牌之所以能够创造多轮红利机会，其核心在于：超级IP横跨多个领域，能够引导消费者基于IP本身而发生多频消费行为。所以，从品牌的商业变现角度来说，我们并不能让IP停留在某个领域或品类，而要在原IP品牌的基础上，结合跨界交叉思维，形成撬动品牌的杠杆。

无印良品（MUJI）是一个日本的日用杂货品牌。近年来，无印良品实施跨界，涉足酒店行业，且很多客人给出了极高的入住体验评价。这对无印良品的品牌形成了又一次极好的推广作用。为什么无印良品可以跨界到酒店？据统计数据，无印良品的总产品数已经超过7000种，而如此繁多的产品种类是很难在一个店面里完整展示的。但是，无印良品另辟蹊径地利用酒店这样的实景空间，将酒店所有可能的应用场景都以无印良品自身的产品进行了设计和填充，如酒店房间里使用的被子寝具、浴室卫生用品、热水壶等小家电，以及灯具、家具、装饰用品、收纳用品等。通过这样的体验式展示，客人可以更好地理解无印良品产品的功能特性和使用场景。

在这个过程中，无印良品的跨界动机非常明确，即要将消费者的入住行

为转化为对无印良品产品的场景体验，甚至直接引发新一轮消费行为。这种做法是非常值得借鉴的。我们要学会规划 IP 和创造超级 IP，借助 IP 来拓宽品牌的既有格局，让品牌资产获得更大的增长空间。

第六章

把控品牌运营要素，保障品牌曝光效果

品牌运营有四大要素：消费者、概念、展示、渠道。其中，消费者是品牌的高价值流量，概念是用户感知品牌的触点，展示是品牌与用户建立关联的过程，渠道是品牌抵达用户的路径。只有四大要素共同发力，才能打造出理想的品牌曝光效果。

一、把握消费者需求，生成精准营销画像

充分挖掘消费者需求，对应消费者的需求去设计营销画像，可以帮助品牌商家实现精准营销。例如，在商超购物中心，商家可以对存在不同消费观念的消费者推送差异化的优惠信息，刺激消费者进行快速消费和流量转化。

1. 营销画像是品牌营销的灵魂和基础

近年来，人们针对品牌精细化营销提出了如下概念：营销画像、消费者画像（或用户）画像。在这种模式下，品牌通过洞察消费者（或用户）的习惯、日常喜好，为之划分标签行列。

2020 年，抖音发布了《2020 年抖音用户画像报告》。报告显示：抖音整体人群画像，男女较均衡，19—30 岁 TGI（目标群体指数）高，新一线、三线及以下城市用户 TGI 高。抖音省份、城市 TOP10 分布，广东省、河南省、山东省占比高，郑州市、西安市、昆明市偏好度高。抖音男女人群画像，男性 19—24 岁、41—45 岁的用户偏好度高，女性中 19—30 岁用户偏好度高。抖音高低线城市人群画像，高线城市中 19—30 岁的用户偏好度高，低线城市中 19—35 岁用户偏好度高。抖音不同年龄段人群画像，“95 后”中男性占比略高、且 TGI 高；“90 后”中女性 TGI 高。抖音不同年龄段人群画像，“85 后”中女性 TGI 高，低线城市占比超六成；“80 后”中男性占比高、TGI 高。

抖音用户偏好视频类型，演绎、生活、美食类视频播放量较高，观看情感、文化、影视类视频增长较快。男性用户对军事、游戏、汽车偏好度较高，女性用户对美妆、母婴、穿搭偏好度高。“95后”“00后”对游戏、电子产品、时尚穿搭类视频偏好度高。“90后”对影视、母婴、美食类视频偏好度高。“80后”对汽车、母婴、美食类视频偏好度高。

我们知道，如今很多人都喜欢抖音平台，下至几岁，上至几十岁，都沉迷于短视频的乐趣中。这一切都说明了平台的超强包容性和用户黏性。之所以能够形成这种局面，主要是因为抖音准确描绘了其用户画像，把精准推送做到了极致。

2. 有序推进，按部就班地确定消费者画像

一个好的品牌营销策略应该侧重于将消费者作为有大量特征的资产进行持续发展。营销画像的设计不可随意而为，而要遵循一定的步骤。

（1）选择合适的数据分析模式，准确判断需求

消费者画像通常需要借助静态数据和动态数据来分析。一般而言，静态数据是根据消费者的注册、互动环节等直接获取的。比如，消费者参与平台活动或者注册账户时主动填写的数据。动态数据是通过算法来挖掘消费者的“热数据”。比如，一位适龄生育女性突然开始大量搜索母婴类商品，例如奶粉、尿不湿、母婴护理用品等，那么对比消费者历史购买的产品和频次，结合消费者的年龄、社交信息等数据就能判断消费者的需求状态。

（2）锁定消费者范围与深度需求

在确定目标消费者时，不仅要了解目标消费者的年龄、地域、收入水平

和工作等，还要考虑心理学、人类学、交易历史以及互动行为等其他因素，确保这些因素包括消费者的兴趣或遇到的挑战。

比如，有个软件公司想在小型法律事务所推广它的软件和服务。它的研究显示2人以上的美国律所有5万个。而且，其中的90%的律所员工数是2—9人。那么，这个公司的产品和服务的TAM就是4.5万个（每个企业买一次软件）。但是，受众范围是不一样的，受众并不仅仅包括购买者。这些企业的平均合伙人数量是3个，所以从受众的角度出发，总潜在受众范围是13.5万个。

当我们研究目标消费者的时候，也要留心倾听社交和情境方面的回答，在挖掘这些方面的需求时，最重要的是如何提供有趣的内容（比如：产品的使用场景、产品能给消费者或用户带来什么样的结果），让消费者对品牌产品心生向往。

（3）先锁定最有效的位置，再行精准定位

企业要了解在业界中尝试解决这些任务的竞争者情况，并确认竞争者是否满足了消费者的需求。然后，考虑本品牌与竞品的差别，寻找为消费者提供产品的相关性在哪，再在“消费者想听的”和“我们想说的”中间找到交叉点，以此作为本品牌的有效定位。

3. 为消费者打标签，精准勾勒消费者画像

设计消费者营销画像的重点之一就是为消费者打“标签”。而一个标签通常是一个高度精练的特征标识，如年龄、性别、地域、用户偏好等，将

所有标签综合起来才能形成消费者的立体画像。在实践中，企业可以借助CRM系统，来轻松地勾勒出消费者画像。

（1）消费者特征细分

对现有消费者或者是潜在消费者的特征进行整理分析。CRM系统可以提供多维度信息，包括姓名、性别、年龄、联系方式、地址、职业、消费者编号等基本信息（静态信息）。此外，企业还可以根据自身需求进行自定义，不断完善消费者资料，形成对消费者的系统认知。

（2）消费者价值细分

详细记录消费者的消费记录，如消费者的下单时间，购买的产品种类、数量、价格及下单的频率等。企业可以根据这些数据统计得出消费者的价值，哪些消费者是一次性大宗消费的、哪些消费者是持续消费的、哪些消费者从来没有消费过。结合这些人群的消费金额和消费频率，可以从总体上将消费者划分价值区间：高价值消费者、中间消费者、低价值消费者等。

（3）消费者需求细分

CRM中的各个板块是相互独立又相互融合的。企业可以对CRM中的各个板块数据进行交叉分析。比如，根据消费者咨询记录、沟通与跟进记录、订单记录、收款记录等，分析消费者的需求及消费规律：需要的是什么产品、购买的是什么产品、在什么时间购买的、购买的频率是什么……从而确认消费者的需求是否得到了满足。

三只松鼠作为早期主要在网络上销售的零食品牌，在建设线下店铺、结合线下优势发展的趋势下，其线下店铺也是严格复核大众消费者的底层需求的。三只松鼠线下店铺的主要目标是那些网购并不太发达的三、四线城市，能够让消费者在除网购之外的途径中享受到三只松鼠的产品服务。

除此之外，三只松鼠线下店铺更有意义的部分在于能够为消费者提供除产品购买之外的其他服务，带来了更多元的体验，比如设置儿童体验专区、设置 KTV 等休闲活动区域，能够让消费者的休闲需求得到满足。三只松鼠线下店铺还在每周六面向消费者举办音乐会、cosplay 舞蹈会等活动，满足消费者的娱乐、社交需求，增强三只松鼠轻松快乐的品牌理念氛围。

作为新的零售品牌，要想在激烈的竞争中成为成功的、能够让大众为之消费的品牌，必须挖掘消费者需求，然后为消费者提供能够完全满足他们需求的产品和服务，在消费者心中留下可以信赖的深刻印象。

二、设计并执行创意概念，使品牌概念深入人心

创意概念设计指对品牌的创意方向或创意表达进行清晰地界定。优秀而突出的创意概念，可以直击消费者的内心。

1. 打破常规，发展“耳目一新”的新理念

新理念的创意来源有很多。只要营销策划人员留心观察消费者的生活，就有望挖掘出很多新理念。

例如，喝水是人们日常生活中最平常的事情，而且水的价格是非常低廉的，自来水烧开后即可饮用；如果旅行时需要带水，防震动的密封水杯同样随处可见。但一些饮料厂家别出心裁地推出了瓶装水，并宣扬“瓶装水比自来水更纯净”。如今，这种理念已经深入全球十几亿消费者的内心，有些人甚至到了几乎只喝瓶装水的程度。这类事例可谓不胜枚举，其关键在于营销策划者要深入了解目标消费者的潜在需求。

事实上，如果一种品牌概念能够打破常规，让消费者感到耳目一新，并通过这种全新的理念培育出一种全新的消费习惯。那么，在这种习惯引导下，消费者会主动放弃原有消费模式，选择品牌主导的全新消费观，自愿购买品牌产品并以此为乐、以此为荣，这也是品牌概念设计的最高境界。

2. 激发品牌理念共鸣，触动消费者的内心

很多公益广告都大力宣传“吸烟有害健康”，尽管所有人都认同这个观

点，但始终有许多“铁杆烟民”仍不为所动。这是因为，这个道理没有触动他们的心。事实上，品牌概念营销的成败，在很大程度上取决于这个概念是否能够触动消费者的内心。几乎所有商家都不会把“1+1=2”或者“煤球是黑的”作为营销卖点，因为尽管这样说可以得到每个人的认同，但很难使之产生内心的触动。

某培训班最初的广告是“全面提高孩子的学习能力”，但广告打出之后，报名学生的数量并没有显著增加。该培训班的营销人员发现，尽管广告中传达的理念每个学生家长都认同，但大家“无论看多少遍都没什么感觉”。故而对此无动于衷。

于是，在反复思索之后，营销策划者重新设计了广告词：“中考直接影响高考，高考左右孩子一生。”新广告打出之后，前来报名或咨询的家长明显增多。一些家长向该培训班的接待人员询问：“为什么说中考直接影响高考？”得到的回答是：“中考成绩决定孩子上什么高中，中考成绩最好的学生，一般都会考上重点高中。您说说看，重点高中和非重点高中的学生，哪个高考的升学率更高，更容易考上一流的大学？”这番回答，一般都会让前来咨询的家长频频点头，继而进一步咨询为孩子报名的相关事宜。

在针对理念的营销策划过程中，营销策划人员要学会掌握上述案例中所介绍的方法，这样，才能让自己的营销理念在消费者的内心产生“共鸣”，把“务虚”的理念转化为实实在在的销量和利润。

3. 让品牌概念立足实体，维护好品牌概念

概念虽然是一个很“虚”的符号，不会让消费者动心，但对于各类产品而言（包括无形的产品），它却可以成为一个最佳的“包装”。为具体的产品提炼出一个简明、朗朗上口、对目标消费者充满吸引力的概念，进而以这个概念作为卖点。这无疑是一条有效、可行的营销策划之道。

在这里，我们必须强调以下几个要点。

（1）要善于为产品赋予一个明确、响亮的概念

不少畅销产品都以“概念”作为最重要的卖点。例如，“农夫山泉”这个名称，很容易让消费者联想到山清水秀的农村和纯净甜美的泉水。再如，脉动也是以“运动饮料”的概念作为卖点，多年来在国内饮料市场上稳固地占据一席之地。反观一度热销全国的健力宝，由于没有率先抢占“运动饮料”的概念，在脉动畅销全国之时，健力宝的市场份额明显下滑，至今也未能重振当年的雄风。

（2）概念是“包装”，而“包装”无论多么精美，都必须依附于某个实实在在的产品

例如，5G 作为一个备受消费者关注的概念，其“产品”是一系列实实在在的功能，包括更快的网速和更为实惠的跨国通信服务等。这些功能整合在一起，便迅速吸引了大批商务人士和高端消费者，进而形成一股消费潮流，而 5G 的概念是该“产品”的“包装”。如果没有这些功能，仅仅凭借“5G”这个概念，是不可能创造出市场价值的。

当然，概念只是一个“包装”，只有实实在在的产品或服务，才是必不可少的“内核”。如果没有一流的产品，那么必然难以支撑起外在的概念。

正所谓："皮之不存，毛将焉附。"

（3）做好对"概念"的维护

营销人员在创造概念之后，还要做好对这个概念的维护工作。例如，要避免其他企业推出类似概念，混淆消费者的视听；要避免这个概念受到负面影响；等等。如果发现其他企业或个人存在侵权行为，应及时做出处理，并依法维护自身权益。

打造一个独特的概念，使之被消费者广泛认同，就能形成一种消费理念，让消费者乐于购买你的产品，甚至以拥有你的产品为荣——这也正是"概念营销"的目的所在。

三、创造品牌深度展示的机会，强化互动效果

品牌深度展示就是让品牌呈现于消费者的面前。一方面，我们可以从品牌设计角度，让品牌产品惊艳地呈现于消费者面前，在消费者头脑中形成深刻而明确的印象。另一方面，在与消费者互动过程中，强化消费者对该品牌产品的好感度。

1. 突出品牌形象特征，充分展示品牌产品

消费者接受的品牌，通常是从具体的产品开始，然后逐渐发展至该品牌的系列产品。因此，企业可以把产品外观展示作为出发点，接合技术性和艺术性，突出品牌形象优势。

（1）从包装设计上，充分展示商品

要想在包装上充分展示商品的优点，可以采取两种方式。第一种方式是用形象逼真的彩色照片来真实地呈现商品样貌。这在食品包装中是最常使用的方式。第二种方式是直接展示商品的实体，即采用全透明包装或开天窗的包装形式，这种形式在食品、纺织品、轻工产品中的应用较为广泛。

（2）准确传递品牌产品的相关信息

世界各国一般对产品包装上应标识的内容有明确的规定。诸如生产日期、重量、保质期等信息，企业都应在包装上如实注明，不可缺少。此外，包装上的文字、图案、色彩等方面，也都应与品牌商品的特色和风格保持一致。在品牌包装上，切忌随意夸大商品的基本性能、质量，要确保包装图案

上的商品信息要与包装内部的实物保持一致。

（3）品牌与目标市场需求的契合性

进入目标市场后的产品，必须综合考虑商品进入各个国家和地区的储运条件、销售时长、销售条件、当地气候状况及消费者的群体或个体偏好、风俗习惯、审美观、收入水平等因素，然后再设计包装。

2. 规划品牌与消费者的交互过程，强化好感度

如果品牌能够与消费者多频次互动，那么品牌在无形中就会在消费者头脑中留下深刻的印象。

比如，我们要重视和接纳消费者的意见。在实践中，企业可以组建消费者群，主动跟进消费者需求。在适当的互动交流过程中，从消费者口中得到最有价值的意见和建议。如果企业能够让消费者一直参与他们感兴趣的内容，主动提出自己的见解。那么，消费者对品牌的好感度会大大提升，进而成为该品牌的忠实消费者。

此外，我们也可以利用社交媒体与技术，通过创造消费者感兴趣的内容，来展示自己的品牌特色。比如，可供阅读和了解品牌信息的“帮助”文档，用以呈现品牌形象和资讯的官网、公众号等媒体社交平台，这些都是品牌展示自身价值、形象和个性的有效平台。企业完全可以通过在这些平台或载体上输出有价值的内容，让品牌在消费者面前得到深度展示，强化消费者对品牌的认知。

四、因应渠道特征，选择并优化渠道营销模式

人们常说："渠道为王。"说的就是渠道对于品牌营销的重要性。要想提高品牌的曝光度，选择并优化渠道营销模式是必不可少的。

1. 考量消费者的感知度，选择适宜的渠道

如果某个产品的市场口碑正在变差，那么它的消费者便会日益减少。当替代品出现后，产品会逐步走向消亡。在这一点上，渠道和产品是有所区别的：很多渠道即使口碑稍差，比如我们常见的"牛皮癣"广告，依然在市面上屹立不倒。其中的一个重要原因就是这种渠道确实是见效了。事实上，一个产品只要得到了足够的曝光量，让人们记住它，那么人们就会在有需求的时候自然而然地考虑它。而且，它出现的频率越高，人们就越是偏爱它，特别是对于那些决策度较低的产品类型。

对于企业特别是想建立品牌影响力的企业来说，消费者对渠道的感知就非常重要。对于大部分企业来说，需要追求品牌调性和渠道调性的一致。关于这一点，我们从奢侈品的品牌广告渠道即可窥见一斑。一般来说，奢侈品会严格控制品牌展示的渠道，在那些消费者认为档次较低的宣传渠道上基本看不到奢侈品广告。

需要说明的是，如果企业要影响的消费者仅仅是该品牌的一小部分消费者，则可以直接考虑这部分消费者最常接触的有效渠道。比如，boss 直聘在地铁换乘通道里大做广告，这是因为乘坐地铁的人群中有相当大的比例是在

职人员，需要考虑招聘或应聘工作。所以，在地铁换乘通道铺设广告是一个非常有效的渠道。

2. 认识渠道属性，提升渠道的曝光效果

渠道都有自己的独特属性。比如，我们常见的电梯间广告，具有密闭狭小空间的特征；原生信息流广告，可以使人沉浸于一定的阅读体验之中。这些属性是我们在选择渠道时需要率先考虑的。一般来说，可以把渠道属性分为两个维度：渠道信息载体和渠道沉浸能力。

渠道信息载体是渠道传递信息所用的内容表现形式，包括文字、图片、视频、声音等。一般来说，视频包含的信息量最大，图片和声音更容易被人理解，文字给人的想象空间和留白给人的感受则是相对自由的。

渠道沉浸能力，指渠道有多大的能力把人带入渠道中，被带入的程度越深，广告的触达率就越高——消费者越不容易被外界的环境干扰，越容易被夹杂在渠道中的广告信息触达。

常见渠道的维度分析，如表 6-1 所示。

表 6-1　常见渠道维度分析

渠道名称	渠道信息载体	渠道沉浸能力
公众号软文	文字、图片	很高
短视频平台	视频	很高
书刊广告	文字、图片	很高
信息流广告	文字、图片、视频	很高
互联网通栏	文字、图片	低
电视	视频	一般
朋友圈广告	文字、图片、视频	一般
户外广告	文字、图片、视频	低
电梯广告	文字、图片、视频	物理空间沉浸，一般

就快手短视频平台来说，渠道信息载体为视频。这种展示效果比文字、图片、图文带来的视觉冲击力要更为强烈一些；如果只是视频展示，那么户外视频、楼宇视频广告都属于这一类型。而快手还有另一个属性——渠道沉浸能力非常强。用户往往在不知不觉中就度过了半天时间。

需要强调的是，在渠道选择上，渠道信息载体没有好坏之分，主要是根据企业想要传播的目标进行有针对性的选择——如果看重的是传播品牌的听觉效果，那么应以声音作为首选的载体；如果看重的是品牌的冲击效果，则首先应以视频作为首选的载体。

3. 保障营销效果，并考量渠道的投入产出比

适合别人的渠道，未必适合自己。以线下渠道为例，我们都知道商场的黄金位置人气高，但是如果按照投产比来计算，这个渠道是性价比最高的吗？为什么那些在商场里主营小吃的店铺，大多数位置偏、店面小呢？为什么很多人气店铺会选择开在商场附近，而不是在商场内开设？

这些都说明一点：人气未必就一定能转化成营销效果，在渠道选择上也要注意这一点。如果没有绝对的好坏位置，最终还是要结合产品实际情况，选择可能更适合的投入产出比，这才是最适合的渠道。

比如地铁广告，如果我们仅仅从效果角度来说，这个方式初期出现时，一列地铁线配 3—5 个人，一天下来获得的微信关注量，可能远远高于地铁车厢直接投放的广告，成本则低很多。

换一种不影响乘客的推广方式，推广人员不主动推销，但如果把推广人员的着装作吸人眼球的改变，或许也可以取得同样的效果。所以，我们不妨基于同一个场景、同一件事，尽可能多地去探讨：是否可以再创新一下营销渠道和营销模式呢？

第七章

把控品牌运营过程，促进品牌价值转化

品牌运营不仅仅是一个计划，更重要的是对过程与结果的控制，是一套有规划、有思考、有战略的具有可行性的行为。具体而言，我们要让品牌营销过程按照预期目标和计划推进，保障品牌有效触达消费者，激活品牌变现能力，同时规避各类型的品牌风险，保障品牌价值的有效转化。

一、重视变化，实现品牌运营的与时俱进

唯有因应时代变化的品牌运营，才能让品牌保持竞争力，入驻消费者内心。如今的品牌运营与传统的品牌运营相比，已经发生了极大的变化。因此，我们要聚焦变化，重视变化，与时俱进地调整品牌运营模式和方法，以期让品牌运营获得满意的结果。

1. 把握运营成本和节奏，不追求 Big Idea

在过去，人们在判断某个品牌运营好不好的时候，往往会关注品牌广告是不是 Big Idea、大制作。然而，对于如今的品牌运营来说，选用 Big Idea 已经不再是最适合的品牌运营模式了。

从运作成本角度来说，Big Idea 意图传递出的“高大上”状态，往往需要动辄用数百万元的支出进行打造。在这个消费者全面觉醒的互联网时代，“高大上”又往往给人以疏远之意，不接地气，也因此并不符合民众的心意。而当传播媒体发布之后，无论其市场反馈如何，对于品牌持有者来说就是一笔巨额支出。如果需要在广告创意上再次进行调整，则意味着品牌持有者需要再次投入巨额成本。

从运作时间的角度来说，Big Idea 意味着较长的运作周期和运作流程。而在如今这个数字化的生活空间里，消费者遇到的问题和需求是随时可能发生变化的。在这样的品牌营销传播环境中，打造 Big Idea 所需的缓慢节奏已经很难迎合当下市场和消费者的快需求了。

奥美广告公司创意总监曾坦言："我们不够灵活，不够迅速，不够新锐，我们习惯于给出完美的作品，而不是给出一些不那么完美的结果，而且只是尝试'可能会有效果的作品'。"可以说，对于如今的品牌运营人员来说，遵行"快"字诀，准确理解需求变化，灵活地做出品牌反应，这已经成为品牌运营控制过程中的重点。

2. 借助程序化工具，推进品牌运营速度

如今，人们往往希望能够快速满足自己的需求，这就给品牌持有者提出了这样的要求：快速输出大量的内容，来吸引消费者或用户。然而，有时候消费者需求的变化速度可能难以借助人力及时满足。此时，就可以运用技术手段，对品牌运营所需内容进行规模化量产，以此来提高品牌运营的生产效率和规模，进而快速与消费者或用户建立关联。

举例来说，我们借助"海报生成器"，选择出相对适合的模板，然后输入图片和文字，即可瞬间生产出海量的内容。随后，我们便可通过程序化模式快速发布，真正实现"动态创意、实时制作、火速传播"的目标，全面提升企业营销传播效率。

目前，这种比较初级的平面处理技术已经应用得非常广泛了。在此基础上，拍照应用也得到了延伸性创新，诸如美图、美拍、剪映等平台也借用了这种模式，用户可以直接借助 App 应用快速修图，并导出形成海报。

此外，视频类动态应用模板也有很多。人们只要备齐资源——照片或视频，选择对应的模板，进行程序化调整，即可迅速输出一份简单的品牌运营所需的视频物料。当然，这种快捷本身也意味着运营成本的大幅下降。

二、强化品牌曝光闭环，推进价值转化

品牌曝光闭环的核心价值在于使得品牌运营与曝光活动变得更加可控。在此过程中，我们要特别重视保持品牌的连续性、一致性，确保品牌有效触达消费者或用户，并激活消费者或用户的消费欲望，实现预期的品牌变现目标。

1. 保持品牌的持续性，强化品牌认知度

一般来说，一个品牌应在一定周期内保持其定位与识别符号的一致性，使品牌在历经时间的洗礼之后仍能保持品牌定位与品牌识别符号的相对协调性。实施这种策略的目的是以相对有限的成本来实现打造深刻的品牌认知，最终形成更强大的品牌竞争优势。

（1）长期一致的品牌定位

如果品牌定位与识别符号能够长期保持一致，那么它会迫使竞争对手不得不采取截然不同的品牌定位，进而使其品牌营销效果大打折扣。举例来说，如果一个品牌以产品“功能可靠性”位居业界首位，那么其他品牌就很难再在“功能可靠性”上立住脚，难以取信于消费者，也难以获得品牌营销的成功。

从品牌营销的角度来说，抢先占领并保持一致的品牌定位，对于品牌持有者来说是性价比最高的品牌运营方式，也是企业持续催化品牌转化和打造品牌势能的一种有效方式。

（2）长期一致的品牌识别符号

长期一致的品牌识别符号指品牌的视觉形象、广告口号、独特声音、比喻或是一位身份代言人在一定周期内是保持不变的。这些符号会使消费者更容易识别、记忆这个品牌，在看到符号时就会自然而然地联想到该品牌，由此强化品牌在消费者认知中的印象。而对于竞争对手来说，则必须另辟蹊径，呈现自身的明显的区别性，才有可能在消费者的心目中抢到一定的品牌地位。

2．选好渠道分享路径，实现触达最大化

通过强大而有效的渠道力量，我们可以让品牌最大化地触达消费者。在品牌营销过程中，如果我们能够有效借助消费者的力量，就可以让品牌营销效果呈数级放大。

在选择品牌营销渠道之前、设计广告文案时，我们可以在里面加入刺激分享或者转发的诱因，比如转发优惠、剧情神转折、利于自我展示、引发情感共鸣等。而在选择渠道时，则要考虑消费者在这个渠道中是否会选择分享。这就需要我们确认：这个品牌营销渠道里是否有便捷的分享路径，消费者是否在营销广告中得到了分享暗示，是否能够顺畅地分享等问题。

一般来说，传统的品牌营销载体——如在图书杂志中，品牌营销传播的动作基本在触达消费者之后就宣告结束了，只有极少数的人会分享自己在图书或杂志上看到的广告，因为缺少便捷的分享路径。而像抖音、快手等短视频发布渠道，微信上的公众号文章、H5、小程序等渠道，都是有分享路径的——渠道用户可以向其他人直接分享视频、文章、小程序等，品牌方可以

借助渠道用户的力量扩大品牌传播范围。

3. 引导消费者参与，提高品牌转化率

在品牌曝光与渠道分享过程中，应尽可能避免使用洗脑广告进行简单粗暴的宣传，而要巧妙地呈现产品和品牌的特色所在，让消费者主动参与产品与品牌的传播过程中，促进品牌转化，提高品牌产品的线上线下销售量。那么，引导消费者参与品牌运营的过程，如何提高转化率呢？

（1）引导品牌评论与宣传

一些个人品牌会在作品或宣传视频中设计一些可供讨论的话题，这既能增加对个人的曝光度，又能在关联活动中提高品牌转化率。比如一些作家在出版新书之前，会拍摄视频，在视频中介绍新书的情况，安排现场签售之类的事宜。这样，既完成了新书预告，又增加了作者曝光率；而评论区中关于“什么时间去某某地区签售或交流”的问题，又会引发关联地区受众的话题参与。

（2）在视频内容中插入转化提示

比如，快手上的一些教育类主播，会通过展示核心主题内容，在播出过程中突出自己品牌的主要特色，并将关联的用具或图书等放在小黄车里进行销售。在视频的最后，还会展示关注、订阅之类的内容，以此增加品牌的粉丝转化率与产品售卖量。

（3）利用优质问答平台提供转化

一些个人品牌和企业品牌可以在消费者群偏好明显的优质平台上，进行有效引导转化。比如，在头条新闻、知乎、悟空问答、小红书等平台上，一些号主会在问答中推荐部分产品，链接广告转化索引。

当然，品牌转化的前提是，品牌本身具有足够优秀的内容，产品本身具有超值的实力。在这个前提下，再借助互联网大数据分析的力量，优化品牌推广与曝光路径，才能获得预期的品牌转化效果。

三、活化品牌运营，保障品牌流量与存量

如今，品牌推广成功与否已经不再以流量作为单一的判断依据。因为与打造流量相比，打造存量对于品牌持有者来说才更有价值，也更为重要。在这个存量时代，品牌营销过程中必须把握住几个重要力量，包括口碑内容影响度、社群聚焦度以及品牌记忆度。

1. 立足于品牌健康成长，打造正面的口碑

品牌运作过程中必须考虑到品牌健康成长目标。为此，品牌持有者有必要关注口碑信息的内容，据之调整口碑传播计划。

一般而言，对于正面口碑，品牌持有者要增加其来源的可信度，因为口碑信息来源可信度的高低会影响消费者的购买意向。正面口碑来源的可信度越高，消费者对信息的感知有用性和可信性就越高，也就越容易作出购买决策。

在实践中，品牌持有者应该鼓励广大消费者评论产品，并且采取措施鼓励消费者表明自己的身份，填写真实的资料和信息，注明自己使用产品的时间、经验和使用感受，有效加强网络口碑的可信度。

对于负面口碑，如果消费者传播的体验内容是失实的，品牌持有者可以通过公开的手段去澄清事件发生的过程。如果消费者传播的体验内容是真实的，企业则需要据之采取积极补救的措施，借助一些以正能量为核心的事件营销，来扭转消费者头脑中已经产生的负面印象。最理想的状态是从源头上避免负面口碑的出现。

2. 高质量运营社群，提高社群聚焦度

优质的品牌社群是最容易实现品牌转化的群体。这个群体是由一群忠于品牌、愿意为品牌传播正向信息的粉丝集结而成的，他们忠于品牌，积极购买产品，并愿意为品牌传播正向信息，在自己的社交网络中对品牌的推广工作起到宣传作用。

时下，品牌持有者都非常重视粉丝社群的运作。很多品牌会选择各种方式去集结这部分粉丝群体，并将其打造成一个强大的社群。在社群运作方面，罗振宇的做法非常值得一聊。

“罗辑思维”节目是罗振宇在互联网平台上被观众广泛喜欢的知识性脱口秀节目，几乎每期视频的点击量都达到了100万人次以上。2014年8月，“罗辑思维”推出了会员付费制，一举入账160万元。罗振宇说：“我以200元招募会员，也是想通过它来识别属于我的社群，寻找志趣相投者。”2014年10月，罗辑思维又尝试了一种新的玩法。首先，他们给罗粉们派发了“罗利”（罗辑思维的福利），随后宣布发售了同名刊物《罗辑思维》，3天内预售数量便超过了3000本，在当当、亚马逊、京东畅销书排行榜上位列前茅。这就是社群化粉丝的经济力量。如今，“罗辑思维”社群已经不再局限于自媒体社交群的定位，它更是一个垂直化的社交电商平台。

事实上，有很多社群经营者都高度重视社群的活跃度，他们与社群粉丝共同打造出一套互动、关联模式，经营社群电商产品，在社群内外创造出了

难以想象的销售奇迹。

3. 组织独具特色的活动，强化品牌记忆度

营造出消费者或粉丝对品牌的深刻记忆，即所谓的“品牌记忆度”，这应该算得上是品牌营销的最高境界了。在运营社群时，我们要谨记这一点——要让消费者或粉丝牢牢地记住这个品牌。品牌持有者可以借助一些特色鲜明、覆盖范围广、深入人心的品牌宣传和推广活动，使得消费者或粉丝们看到一种被其偏爱的或向往的生活态度，进而在心里牢记这个品牌。

不过，如果仅仅让单个品牌活动出彩，那么可能很难在消费者心中形成统一的记忆度。故而，我们建议品牌持有者对品牌营销活动进行系统规划，通过组织一些周期性品牌活动，让消费者有机会反复接收品牌的内核概念和识别符号，直到对该品牌形成周期性记忆，能够牢牢记住品牌。

在如今这个时代，信息传播的速度已经快得让人难以想象，这为品牌营销带来了诸多便利和机会。事实上，只要企业或个人能够用心打造出足够优秀的产品，再以新颖创意的品牌营销活动方案推进，那么打造出良好的品牌形象，为品牌吸引足够的流量和存量，并不算是一件难事。

四、强化品牌风险控制，长期打造优质品牌

任何企业都离不开强有力的品牌支撑，因为唯有这样它们才能在激烈的竞争环境中得到更好的发展机会。然而，品牌运营过程本身又存在着诸多风险，很可能给企业带来极大的损失。因此，企业必须能够认识到品牌风险与危机，尽早规避并及时把控风险。

1. 认知品牌风险类型，预测潜在风险

品牌风险有很多类型，我们常见的品牌风险可分为三个级别。其中，一级风险指因思想认识不足（比如观念差异、品牌定位错误）而造成的风险，这是最底层的风险。

二级风险指在品牌价值增值过程中，因某些环节的工作没有运作到位而造成的风险。这种风险如果仔细观察，是可以发现的；如果不对这类风险主动采取措施，那么风险指数就会逐渐增长。

三级风险指某负面事件出现之前没有任何预兆，但是因某个外部因素的突然出现而引爆了负面事件，由此给品牌生存造成了巨大的威胁。三级风险的典型特征是事件发生时出人意料、可供反应的时间较短、影响范围较大、危害性较强。对于这类风险，如果品牌持有者缺少系统的应急处理程序，那么往往会导致品牌遭受巨创，甚至迅速消亡。

在风险管理之初，我们必须认识它们的形成系统。表 7-1 呈现了品牌风险细分与具体表现。

表 7-1 品牌风险细分与具体表现

风险分级	表 现	具体说明
一级品牌风险	企业价值观与市场现状不相符	这种风险表现为一些企业急功近利，将财务目标放在首位，看淡社会责任，为了一己私利不惜牺牲社会公众的利益
	对品牌价值体系的本质认识不清	这种风险表现为以为建设品牌就是做广告、做宣传。一些企业以极大的代价，邀请明星代言、竞争做标王，声势浩大地进行品牌宣传，最终的品牌记忆却非常短暂
	品牌定位错误	比如，本该定位低档的品牌却定位高档，企业认为高档而消费者并不认同；还有，原本位于高档之列的品牌，为了短期内获得较高的销售额而以超低价格进行营销，这让老消费者感到难以接受，为品牌未来的危机埋下伏笔
二级品牌风险	未及时识别风险	这种风险表现为在品牌运作过程中。某个增值环节已经出现了明显但是微小的问题，企业却看不到这种危机可能造成的风险，由此导致风险指数变大、情况恶化，最终酿成灾难性后果
	不明确情况下输出不合格产品	这种风险表现为在企业或企业品牌负责人员不知晓的情况下输出了不合格产品，使消费者在消费之后遭到不小的损失而产生的被动式危机事件
	出现行业危机	比如，在出口贸易中，一些国家的倾销指控给一些中国企业带来了危机。实际上，这种危机经过了一定周期的酝酿；如果企业的市场嗅觉足够灵敏，往往可以事先察觉出一些征兆或痕迹，进而及时采取有效的风险防范措施
三级品牌风险	质量类突发性品牌风险	这种风险指在企业发展过程中，企业没有觉察到自身的失职、失误或者内部管理工作中出现缺漏等问题，由此造成产品出现质量问题，进而引发突发性品牌危机
	技术类突发性品牌风险	这种风险主要是企业因产品设计或制造技术方面的因素，使企业输出的产品存在一些技术功能上的缺陷，不符合相关法规、标准的基本要求，由此引发突发性品牌危机
	服务类突发性品牌风险	这种风险指企业在向消费者提供其所需产品或服务的过程中，由于内部管理失误、外部条件限制等情况而导致消费者的不满意，并由此引发一些突发性品牌危机
	形象类突发性品牌风险	这种风险主要是由反宣传事件引发的突发性品牌风险

这三个级别的品牌风险是由低到高、层层推进的。其中，一级风险是所有风险的根源——因为只要品牌持有者或关联人员在思想观念方面存在着潜在的风险，那么二级风险必然会随之出现。

如果二级风险已然存在，那么三级风险出现的概率也会大大增加。比如，企业在运作中出现了一些小问题，那么在经媒体曝光和舆情发酵之后，往往会快速发展成为三级风险，演变为企业品牌危机事件。

在出现三级危机事件之后，品牌方必须以认真负责的态度高效处理，总结经验、归纳教训，对类似风险采取强效管控措施。

2. 关注品牌运作动态，规避品牌危机的发生

任何品牌从品牌风险到品牌危机、再到品牌消亡的过程，往往都是有因果关系的，也是有前后承接关系的。如果放任企业品牌风险发展，那么最终必然会演变成品牌危机。但是，如果能够在风险尚未造成严重的品牌危机或导致品牌消亡之前，进行高效得当的风险管理，那么通常可以在一定程度上化解品牌风险，将品牌重新拉回健康运行的轨道上。

在品牌风险产生到最终演变为品牌危机的过程中，实际上是存在化解风险、消除危机的时间和空间条件的。但是，这需要企业战略与经营层、风险监管部门和公关部门等各个组织单元共同努力、协调合作，一起承担并充分履行品牌风险处理的责任，让品牌风险被消灭在突然爆发之前或持续蔓延的关键时点上，防止危机持续恶化。

一般来说，大中型企业的规模比较大，产品和服务的对象更为广泛，会被更多的社会大众所关注，它们出现品牌危机的概率似乎会更高一些。但是，这类企业本身也具有更多资源和能力，能够尽早发现并有效应对品牌危

机，将品牌危机的负面影响降到最低程度。而小微企业可能因自身资源和能力的不足在品牌危机出现时极速崩溃。

所以，任何企业，无论规模大小，都要以正确的态度去预防和审视品牌危机；而一旦发生危机事件，也要保持冷静的态度，有计划、有组织地应对处理，或借力协调，把品牌损伤控制在最低范围内。

3. 保障品牌处于风险可控范围之内

品牌危机事件所带来的影响是非常大的，有时甚至会成为影响企业存亡和国家形象的一个重要问题。如果未能及时识别并控制品牌风险，遭遇品牌危机，那么品牌很容易在市场上形成负面影响。而在负面舆论氛围下，又会面临消费者忠诚度大滑坡和消费者大量流失的严峻问题。

因此，品牌持有者和品牌运营人员都应以积极的态度面对品牌风险与危机，在坚持基本处理原则的基础上，采取恰当的处理措施。在品牌风险与危机管理过程中，品牌持有者和品牌运营人员应遵行以下原则：

预防原则。品牌持有者和运营者都要有风险与危机意识，在日常工作与管理中防患于未然，步步为营，对各个环节都强化监测，以便在第一时间发现问题。

统一性原则。品牌运营人员在对内和对外的宣传解释时，要做到“四统一”，分别是口径统一、指挥协调统一、宣传解释统一、行动步骤统一，切忌言论内容相互矛盾，存在或大或小的差异点。

主动性原则。出现品牌风险与危机时，品牌持有者应了解危机的性质、深度以及影响，尽早解决品牌危机带来的掣肘。而品牌运营人员应积极主动地面对，尽快且有效地控制住局面，切忌因急于追究责任而放任事件发展，最终陷入被动状态。

诚意性原则。品牌危机出现后，品牌运营人员必须主动向社会公众阐述清楚事实的全部真相，以免延长危机对品牌影响的时长。同时，要实事求是地面对问题、解决问题，避免刻意隐瞒真相或试图逃避责任而编造谎言，欺骗社会公众，否则品牌持有者反而要承担更大的风险。

快捷性原则。在品牌风险与危机发生时，品牌运营人员要反应迅速，及时地与社会公众进行充分沟通，将公众对品牌产生的各种猜测、怀疑和流言蜚语降到最低。

创新性原则。在品牌风险与危机处理的过程中，品牌运营人员既要主动借鉴过去的成功处理经验，也要根据实际情况大胆创新。

在商业实践中，品牌持有者要随时准备好应对可能遇到的不同级别的品牌风险与危机，一定要秉持系统完善的大局意识，面向品牌的现在与未来，综合把握品牌建设与维护的基本运作机制与管控方法，推动品牌实现更为强势而长久的发展目标。

第八章

合理应用智能化元素，实现对品牌的强力加持

在数字经济时代，企业的未来战略将紧密围绕“让人工智能高新技术的应用变成企业组织与人才管理的必选项”来展开。而对于品牌持有者来说，能否应用智能化元素，为品牌运营提供更强大的力量，是非常值得探索的。

一、把控人工智能时代变化因子，赋能品牌营销

一项面向全球 835 位企业高层管理人员的调查显示："近年来，半数以上企业对人工智能相当重视，84% 的企业将人工智能视为提高竞争力的基本要素，50% 的企业将人工智能视为变革性技术。"在对这些决策者的观点和行动进行分析后发现，人工智能已经被应用到企业的很多部门。可以说，人工智能已经影响了太多领域，当然也包括品牌建设。

1. 借力智能化元素，高效赋能品牌营销

事实上，智能化元素已经对品牌营销行业的发展产生了非常大的影响。仔细观察即可发现，智能化元素已经在品牌营销的消费群体分析、策划执行、营销效果评估等很多方面，发挥了非常显著的作用。

（1）精准画像分析，界定目标消费者群体

在品牌营销分析方面，通过移动互联网、人工智能应用及大数据分析技术，对消费者或用户的重要关联数据进行抓取，跟踪分析并全面研究消费者（用户）的消费或使用行为、消费决策过程中涉及的模式及心理影响要素。

如此一来，便可以帮助各品牌更精准地锁定目标消费群体，不带个人偏见地形成目标消费群体的精准画像，从消费心理学的角度去评判不同的品牌营销决策方案可能取得的效果，由此帮助品牌"在最适宜的时间点，向最适宜的群体发送最适宜的品牌资讯或相关内容"，不断优化营销计划，并创造

出更高的营业收入和利润。

（2）设计智能化服务，大幅提升品牌广告效果

在品牌策划执行方面，人工智能可以帮助品牌提升广告效果。近年来，在这方面的应用已经非常广泛。例如，通过智能文案制作系统，高效地撰写广告标语，同时又能提高广告创意的效率；通过智能语音识别，设计语音交互式广告，增加广告推广过程中的互动性，强化消费者的兴趣。此外，还可以通过人工智能技术，为营销工作的开展提供 7×24 小时全方位、全天候、跨地域、跨时间的服务和售前支撑力量，如此一来，不仅在一定程度上降低了人力资源成本支出，还能与消费者建立更强有力的关联性，更快地顺应消费者需求，消除消费者可能出现的不满，提高消费者的满意度。这些都是实实在在的品牌有效提升执行能力的体现。

（3）准确应用数据进行分析与评估，持续优化品牌营销活动

在广告投放过程中，还可以借助人工智能设备和数据分析技术，对播放完成率、曝光量、点击率和有效展示率等各项营销指标信息进行实时抓取和有效分析。比如，很多企业选择借助短视频平台进行品牌产品或服务的营销推广，但是如何评估哪个平台更适合本品牌的调性呢？如何操作才能够获得更高的投资回报呢？这就可以借助人工智能技术的力量来实现最优化选择。然后，根据数据分析结果，设计有针对性的、可实践性较强的优化方案，持续优化品牌营销过程和营销渠道，以期创造更理想的品牌营销效果。

在未来，智能化元素必然会进一步重塑技术和业务。而随着 AI 技术的不断进步和深化，品牌营销人员也会随之拥有更多机会去深度了解消费者，与他们建立更深入的联系，为之提供更好的品牌产品与服务。为了实现这一目

标，也需要品牌营销人员能够面向不断变化的环境，持续学习，深度挖掘，把握智能化品牌营销与发展的新机遇。

2. 因应时代发展需求，提高品牌营销人员的实力

目前，很多品牌营销工作人员尚未具备充分运用人工智能和数据管理的能力，仅仅是使用人工智能或大数据来完成简单的业务操作。为了更好地适应人工智能时代的变化，品牌营销工作人员应在个体能力上做好更充分的准备，有效提升自己的角色能力。比如提高数据判断能力、提高数据思考能力、提高数据处理能力等，助力品牌决策与实施过程，提高品牌决策精准度。

（1）提高数据判断能力

面对海量信息，品牌营销人员必须具备准确的数据判断能力，才能让大数据分析出的结果在品牌决策过程中发挥更大的作用。

在 TED 演讲中曾提及一个关于“用大数据作出判断”的故事。故事中的两个公司，都想做一个收视率爆棚的电视剧。根据同一套数据，A 公司得出结论：大家想看的电视剧是关于“4 个议员的故事”，评分为 7.6 分。而 B 公司得出的结论：大家想看的电视剧是关于“1 个议员的连续剧”（纸牌屋），评分为 9.1 分。

为什么两家公司使用同样的数据，却得出了不同的结论呢？一般来说，人们进行大数据分析时，是对大量的行为习惯进行抽丝剥茧，而后得出观众集体关注的方面。A 公司可能是直接以观众关注点来生成判断结果；B 公司则先分析出观众关注点，再通过层层提问，发掘隐藏在关注点背后的根源，然后再生成判断结果。

很明显，虽然人们可以通过大量数据得出客观的结果；但是，为了作出更准确的决策，人们仍然需要让大数据与大脑有机结合，让大脑来判断数据的可靠性、真实性、直接影响性，综合考量后再作出更精准的判断。

（2）提高数据思考能力

品牌营销人员必须具备系统的数据思考能力，能够面对大数据主动展开逻辑思考。进行逻辑思考时，可以借助一些既有的方法模型，比如“5W1H”分析法：

假设某品牌企业计划组织一次品牌推广活动。此时，就需要进行系统的数据分析，以便确定具体事务安排。这时就可以使用“5W1H”分析法，思考以下问题：

What：具体的场景设计是怎样的？有哪些要素？

Where：获取数据的地点在哪里？在哪些平台或商场举办活动？

When：获取数据的时间是何时？时间周期是怎样的？

Who：目标消费者群体是哪些？这个群体的突出特征是什么？

How：获取数据的方式是怎样的？是通过数据分析公司、新媒体平台，还是其他方式？

Why：为什么要组织这次活动？

通过理解获取数据的具体情境与方式，人们可以更准确地理解数据源的典型特性，这也是一个对已有数据进行理性思考的过程。这个过程也会帮助品牌营销人员形成更系统、更可行的决策方案。

（3）提高数据处理能力

数据处理能力是一种面向数据应用，对庞杂的数据做出针对性处理的能力。从品牌管理实践来看，很多品牌之所以遇到品牌推广不力的问题，常常是因品牌营销人员在数据处理能力上的不足，未能在海量的大数据中发掘和提炼出那些最有价值的数据信息，自然也就难以据之来准确判断未来需求，更谈不上创造未来需求了。

所以，品牌营销人员在面对海量数据时，要学会进行真实性辨识、初步分析加工等。在进行数据处理时，品牌营销人员要考虑各方面因素，比如要考虑：目前所持有的数据是否已经足够“充分、准确、及时”，采用的数据分析处理的方法是否科学、合理，是否已经将风险控制在可接受的范围；数据分析处理所需的各类资源是否已经得到了充分的保障；等等。

以数据时效性为例。可以说，只有具有时效的数据，才能对数据思考与决策判断产生积极的影响。很多行业都需要根据市场上的数据快速分析出结果，分析结果出现得越快，最终创造出的价值收益就越大。

花旗银行作为世界上规模最大的金融服务提供商之一，其全球业务覆盖的国家和地区超过160个，拥有消费者账户数量达到2亿多个。为了便于管理，该公司近年来采用了大数据技术来支持业务增长，提升服务水平。对于银行业来讲，其掌握的实时数据越多，那么这些数据所创造出的价值收益就会越多。而对于银行的客户来说，这样的银行品牌也因此具有了更高的可信度。

品牌营销人员的数据处理能力，通常会呈现在诸如消费者兴趣分析、画像分析、需求分析、网络行为分析等不同场景中，而数据处理的效果直接影响判断、决策的精准度和最终的品牌管控效果。

二、通过大数据信息应用，精准预测品牌未来

在大数据时代，人们可以实时获取自己想要的各类信息，然后根据手头掌握的各类信息，判断当下的市场情况及未来发展演变的基本方向。因此，大数据时代的决策行为，完全可以脱离过去那种“等到发生问题，再去按部就班地解决问题”的被动处理状态。事实上，通过大数据挖掘技术，人们不仅可以处理已经发生的问题，还可以预测未来可能发生的各种问题，提前采取防范措施，这将大大优化品牌决策的最终结果和实施效率。

在大数据时代，实时收集和分析数据信息，使品牌决策过程得以顺畅进行，很多潜在问题被及早消灭在萌芽状态，即便问题已经发生也能够最大限度地避免破坏性后果的出现。为了实现精准预测，品牌运营人员要强化自己对数据信息的预判能力，能够尽早发现问题隐患与风险，并保障数据信息的准确性。

1. 预判虚假的数据信息，规避对品牌的负面影响

无论在哪个行业领域或哪一类工作中，如果存在数据信息虚假、虚假数据信息数量过多、虚假信息传播频率过高等问题，往往会给业务开展造成一系列难以估量的负面影响。在品牌建设与管理过程中也是如此。为了避免这种情况的出现，就必须做好对数据信息的准确预判。

以健康信息为例，每个人都会关注自己的健康问题，自然也会关注那些有关健康的数据信息。然而，在如今这个全媒体时代，关于健康的信息已经

出现了传播过于泛滥的势头。很多经常使用线上媒体平台的人都慨叹：每天都会看到那些大谈健康养生的文章。文章传达出的观点非常尖锐犀利，颠覆人们的传统认知和常识。再配以对应的图文或让人感到惊悚的数据，往往看后让人觉得心绪不宁。然而，有时候这类文章里所援引的数据、资料信息的可信度是有待考证的，有时甚至是撰文者自己编造出来的。

这类虚假信息往往内容骇人听闻、言辞肆意夸大。但是，这些信息非常容易让大众的视线聚焦于此，并被很多人随手转发、广为传播。而这类信息一旦在网络上肆意泛滥，会使消费者开始质疑关联的产品，为关联的品牌营销工作开展带来极大的掣肘。所以，及时排除虚假信息造成的社会影响，避免谣言在社会上泛滥成灾，应被品牌运营人员视作日常工作的重点之一。

而与虚假信息相对的是，普通社会民众往往难以辨识这类虚假信息，且很少有人愿意花费大量时间和精力验证信息真伪。所以，在实践中，往往是一些虚假信息或者谣言已经被传播之后，相关的行业专家或品牌企业才会出来辟谣，发布正确信息。

这些虚假信息不像旧时代那般用口耳相传的形式传播或者通过书籍、电视等大众媒介传播，那时的传播节奏是缓慢的，影响覆盖范围小。如今，信息传播的主阵地已经转移至网络信息平台、新媒体渠道上。所以，虚假信息可以在非常短的时间内形成病毒式传播态势。

当人们发现问题并试图补救时，往往感到劳心费力，消耗巨大但难以有效地控制这些虚假信息。因为，信息受众可能会先入为主地接受之前的虚假信息，却质疑后来发出的辟谣信息。要想让人们信任辟谣信息，那么辟谣人员必须从信息的源头、数据信息内容的科学性等方面来进行系统阐述和验证——这个工作量和工作难度是很大的。

所以，最理想的状态是，在日常工作中，加强对数据信息预测研判，对于可能存在虚假信息的领域抢先一步发布正确信息，在虚假信息刚刚出现苗头时立即采取有效行动。由此，规避虚假信息可能给品牌造成的负面影响。

2. 精准预测潜在的品牌风险，设计针对性的解决方案

通过大数据分析技术，品牌营销人员还可以对数据信息可能引发的风险进行预测、研究与判断，进而设计更有效的决策方案。

（1）基于 BP 神经网络，对数据信息进行精准预测

基于 BP（误差反向传播算法）神经网络的预测是一种精准度非常高的预测方式。品牌营销人员可以借助数字化系统，确定每一个网络模型的输入、输出向量，以此实现系统运算提速的目标。

以智能交通为例，目前的智能交通产品大多将“加强城市交通趋势预测研判，及时发布交通运行预报信息”作为重要的研究领域与应用方向，而能否准确预测公交车的到站时间以及公交车内拥挤程度，则被人们视为整体预报信息中的重要部分。人们可以采用同一个 BP 神经网络，对这两个方面进行系统研究和预测。这样可以充分地利用 BP 网络的强大非线性映射能力，最大限度地减少系统本身的复杂程度，同时又可以提高系统运算的速度。

除此之外，还应考虑选择适宜的方式，对最终结果进行合理展示，不仅企业内部可以随时了解相关信息和预测结果，还可以将实时信息和预测结果及时通知消费者或用户。比如，很多物流自有 App、小程序和诸如菜鸟裹裹等综合性平台，都会提供实时物流更新信息，方便用户随时查询物流信息。

（2）对目标群体进行分层分类后再行系统研判

实现精准性预测研判还有一种方法，就是针对不同人群开展数据信息的分类整理，然后再对数据信息研究结果进行分析与判断。

以对目标消费人群的预测研判为例。当下，随着“互联网 +”模式的深度发展，很多消费人群会借助互联网平台来进行各类消费。所以，在对目标消费人群进行分析研判时，也需要转换传统的信息获取和分析的形式，比如利用互联网的数据抓取功能，并借助分析模型进行数据分析，如此可以非常省力且准确地判断消费群体的需求。

在实践中，品牌运营人员可以根据区域分类、分层识别、数据系统分析等方法进行系统识别，并建立一套具有较强可操作性的消费等级评估体系，以区分不同等级的消费群体。然后再针对不同等级的消费群体，设计有针对性的营销方案，从而实现精准营销的目的。

在这个过程中，也要注意目标群体分析研判存在的重点与难点，比如建立消费人群分析研判模型。通常来说，消费人群分析研判模型主要是用来确定预测因子和评估分值。然后，再对个体行为的影响力大小进行赋值和加权。而通过对消费人群分析研判，最终得出关于这一人群的结论。这些结论可以被品牌营销人员充分了解，并运用在后续的品牌营销推广活动中。比如，对于消费频率较低的消费人员，可以纳入观察与日常推广部分；对于消费频率较高的消费人群，可进行针对性的沟通与调研，提高营销与推广效果。

3. 以数据信息的正确性为基础，实现精准性预测

在实现精准性预测的研判过程中，数据信息发挥着非常重要的作用。对

任何品牌营销人员来说，如果研判之初选用的数据信息存在可靠性不足、不准确等问题，那么这部分信息所得出结论便是无效的，根据此结论作出的决策或行动也很难保障能够达成预期目标。例如，如果专业人员依据不正确的数据信息去开展相关业务，导致决策或行为失误，往往可能给消费者带来直接伤害。因此，必须借助准确可靠的数据信息，来确保决策结果的准确性。为了确保数据信息的准确性达到最高标准，品牌运营人员可以从以下方面来着手。

（1）严格审查数据信息的来源

数据信息的来源有很多，且类型也是多种多样的。如果人们并不信任数据信息的来源，也无法确定数据信息的可靠性，自然也就无法确保最终决策的准确性。所以，在从核心数据库中提取数据信息和合并数据信息之前，品牌经营人员或信息分析人员必须仔细检查数据信息的来源是否可靠，以及数据信息的获取过程是否有效。

假如正在收集位置信息，就必须重点考虑以下问题：该数据信息是否来源于一个被信任的设备，以及这些数据信息是不是由专业人员精确测量后获得的数据信息，度量单位是否准确。只有答案为肯定时，才能正常使用这些数据信息。

（2）规范信息输入的关键词

大数据库中的数据信息，通常会以不同的形式出现，比如：具有多个字段或多个元素的信息条目。处理这些数据信息时，负责数据管理工作人员可以将这些数据信息进行进一步解析，提取更多关键词，并将其添加到更大的数据库中；如果被添加到高级系统中，还可以对数据信息做进一步的组织和分析，并设计更方便查询的索引词条。

例如，在网站上使用的联系单，每个字段都呈现被限定好的关键词，比如名称、地址、偏好、联系方式等。如果在特定的信息字段中包含了错误的信息，那么在人们发现之后要将这条信息或关键词标注为“无用信息”或“错误”，以便其他人在后续使用中注意这个问题。

（3）做好数据信息的处理与整理

在做出正式决策之前，品牌运营人员应再次核查流入或流出的信息是否适用，确认数据信息所具备的价值，减少非必要的数据信息带来的额外工作量。

比如，品牌运营人员或分析人员必须知道这些数据信息的使用目的：将用在哪里以及它适用于哪些业务和战略。如果缺少正确的方向，就无法确认数据信息所具备的价值，也无法确定系统即将做什么，以及应如何利用正确的数据信息。故而，在做任何决策之前，可以率先安排好这项操作，对数据信息进行系统的了解与筛选，排除非必要数据信息。

三、优化 AI 算法，提高品牌运营管控的精准度

AI 算法之于品牌运营的最突出优势，就是借助大数据的量化分析与预测优势，减少不必要的品牌营销动作，提高品牌运营动作的精准度，最大限度地保障品牌运营预期目标能够更快更好地实现。

1. 规划大数据 AI 算法，实现品牌精细化运营

AI 算法让品牌企业（团队或个人等其他品牌持有者）获得了更为深刻、全面的洞察能力，提供了前所未有的空间与潜力。而 AI 算法的作用机制，从本质上来说就是对大数据实现高层级应用，利用它促成更强的洞察能力、决策能力以及最快捷优质的服务。

举例来说，品牌运营人员可以通过大数据，一是，了解消费者以往的消费习惯和实际消费情况，然后提供更为精准的、契合个体需求的品牌产品或服务推送；二是，掌握并分析消费者的基本信息之后，可以结合品牌产品的类型，与消费者的实际需求进行高效匹配，然后向有需求的消费者安排对应的产品或服务推送；三是，分析消费者群体的日常消费行为中呈现的基本消费规律，然后面向这个消费者群体，对该品牌的产品或服务进行针对性的设计、调整或优化。

（1）结合消费者的消费痕迹，向消费者进行及时推送

通过大数据技术所积累的海量数据，可以更准确捕捉消费者的网络消费痕迹，归纳他们的消费行为周期规律与消费内容特征。

一般来说，企业在对某些消费群体进行数据监测之后，会将这部分数据信息保存在云端。而当消费者再次登录互联网平台时，平台便会借助大数据算法，迅速提取该消费者以往的消费数据信息和相关分析，向消费者的网络界面推送一些他曾经购买过、未来可能购买的品牌商品或者服务。如此一来，企业便可以在较短的时间内触动消费者的再次消费行为，而消费者也可以节省再次搜索同类商品的时间，快速作出购买决策。毫无疑问，这对企业和消费者来说都提高了效率。

（2）确认消费需求，使之与品牌产品高效匹配

每个人都有自己独特的消费需求和消费习惯。而且，消费者越来越在意自己的需求在何种程度上得到满足，企业的服务是否足够贴心、是否与自己的真实需求完美契合。这些都是品牌营销过程中必须重点考虑的问题。

借助大数据及相关技术，企业可以针对消费者各自的行为偏好特征，实施更具有个性化的精准营销动作。过去，企业会将“一款产品”推荐给“一些相对适宜的消费者”；如今，企业却可以聚焦消费者，为消费者设计定制式服务，将“一批合适的产品”推荐给“同一位消费者”，为之创造更多选择便利。

（3）根据群体消费行为规律，规划群体型服务模式

每个消费者有其独特的消费行为，而多个消费者的共同或相似消费行为则构成了群体消费行为。企业应在分析消费者的群体消费行为过程中归纳其中的普遍性规律，剖析消费者群体的同一类消费行为以及这些行为背后隐藏的需求内容，而后再更有目的性地进行开发、设计和提供更为适用的产品或服务。

在大数据时代，一个比较有名的规律就是尿片和啤酒的销售量存在一定的关联性。啤酒和尿布这两种商品表面上看起来似乎毫无关联，那么，二者之间是如何关联在一起的呢？

市场调查人员发现，每当新生儿出生后，新手爸爸往往会得到一个任务：买尿布。尽管新生儿出生以后，新手爸爸并不太有机会亲手去照顾孩子，但他们的内心还是会自然而然地产生一种自豪感、愉悦感。这种情感体现在个人行为上，就是：新手爸爸在去购买尿片的时候，会顺手给自己买几瓶啤酒，以示庆祝。所以，如果超市在尿片货架的旁边摆放一些啤酒，那么啤酒的销量也会随尿片的销量而明显增加。

可以说，在明确了目标消费者群体的基本行为规律之后，再结合这个规律设计品牌运营方案，那么这个品牌运作方案往往会更具有可行性、更见成效，甚至更有助于提前预测消费者流失的风险。

2. 系统应用大数据信息，为消费者进行精准分类

在基于大数据技术的品牌运营过程中，最突出的表现就是企业可以借助大数据精准地锁定目标消费群体。具体而言，企业可以利用大数据建模技术，根据消费者分类划分标签层；再根据消费者标签，对个体消费者进行营销信息推送，实施更高效的品牌运营策略。

（1）消费者属性标签层

消费者属性涉及很多方面。常见的属性标签有：消费人群属性（如客户的年龄、性别、职业类型、收入情况、消费性格等）、消费区域属性（如区域位置、区域经济发展程度、区域人口数量等）等。

一般而言，属性标签数量的多寡，与大数据平台的技术及经验丰富程度密切相关——平台所应用到的大数据管理技术越成熟，其抓取的消费者属性会越精确；相关人员的大数据管理经验越丰富，那么其设计的属性分类就越科学、越适用。

（2）消费者行为标签层

一般来说，消费者经常在特定时间段、位置范围内，登录网站 PC 端或者 App 手机端。消费者的行为标签层便是企业在通过系统分析这类行为后设计的标签层。

从本质上来讲，对行为标签层的分类是在统计出消费者行为频次之后，设定出标签名称。一般来说，如果消费者仅在某个时间段内出现过几次相同或相似的行为，这并不会被归纳为一种行为标签。只有这种行为呈现一定的规律性频次，在较长的周期里频繁出现时，才会被归纳为一种行为标签。比如，根据经常玩手机游戏、经常使用购物软件、经常在小红书上分享心得等消费者行为，即可细分这些消费者的行为标签，如手游人群、乐淘人群、美妆达人、爱车一族等。

消费者的行为方式是多种多样的，所以这类行为标签可以用万来计数，甚至不止于此。而从企业运营的角度来讲，在为消费者贴上这类标签之后，再去系统规划品牌营销的基本方向、营销内容和营销策略，往往可以使品牌的营销效果得到更大程度地保障和提升。

（3）目标消费群体标签层

目标消费群体标签层，是将消费者的行为表现与该群体的基本属性结合而后产生的标签层。这种组合会形成数量巨大的标签，而同一位消费者被贴上多个标签之后，便会形成综合型标签体，这也保证了能够精准地锁定目标消费群体。

举例来说，某广告主现在给消费者定位是25岁左右的女性美妆消费者，此时便可以通过第一层级（消费者属性层）的年龄、性别，加上第二层级（消费者行为标签层）的美妆经验分享行为，而后得到目标消费群体层，由此再定位出与该品牌关联最大的目标消费群体。

这样一来，企业在投放广告时便会采取更具有针对性的策略。而对于企业来说，如果能在适宜的时间、适宜的平台，以适宜的卖点，投放适宜的产品、服务（或者广告），让品牌有效而体贴地触达消费者，无疑会成为一种更具成效的品牌精细化运营模式。

3. 预测消费者的未来需求，智能匹配对应的品牌运营动作

基于大数据的精准算法，让品牌企业的运营动作更加精准而智能。关于精准算法给品牌运作和日常销售带来的突出效果，有一个有趣的段子：

> 2012年初，一位男士怒气冲冲地走进一家Target超市。他极为愤怒地责问这家超市的工作人员："为什么超市不停地给我女儿邮寄婴儿尿布样品和配方奶粉的折扣券？她还是一个高中生！你们是在鼓励她怀孕吗？"
>
> 几天后，这家超市的总经理专门给这位父亲打电话，向其致歉。没想到，这位父亲却语气平和，甚至反过来道歉。原来，他的女儿的确已经怀孕，预产期在8月份。
>
> 为什么Target超市的预测之精确会达到近乎神奇的地步呢？原来，Target超市建立了一个非常规范的大数据管理系统，且拥有一个非常专业的数据分析团队。在整理了准妈妈们的消费记录之后，他们会从中找

出 20 多种关联物；然后，再通过这些关联物呈现的信息，对消费者的“怀孕趋势”进行预测，如果趋势明显，则会为她们寄送关联的优惠券，由此引导消费者展开消费行为。

如果情况允许，Target 超市还会给每一位消费者设置一个独有的 ID 号。当消费者刷信用卡、使用优惠券、填写调查问卷、邮寄退货单、打客服电话、开启广告邮件、访问官网的时候，这些行为信息会全部如实记录到消费者的专有 ID 账号之中。此外，这个 ID 号中还会汇总关联信息，比如：消费者的实际年龄、婚姻状态、经常往来的行政区域、具体住址与 Target 超市之间的行程、最近是否搬过家、薪资与信用卡情况，等等。有时，Target 超市还会了解消费者的其他信息，比如：种族、喜欢阅读的书籍杂志类型或阅读习惯、购房记录、破产记录，等等。

可以说，Target 能够对消费者进行精细分类，并对每一位消费者所需要的服务进行最精准的预测，这是因为他们对消费者的情况形成了全面系统的了解。在充分的数据信息准备与分析的基础上，Target 超市才能够主动引导消费者的消费行为，并在消费者实际需要的时候为他们提供最为快捷省力的服务。

在数字化运用营销场景上，各大公司或者连锁店常常会使用“消费者积分计划”，即：消费者可以用消费积分去换取诸如折扣、累计积分、赠送商品等奖励服务的一种活动。部分企业会特别设置 SCRM（Social Customer Relation Management，社交客户关系管理系统），以项目管理办公室的方式进行系统化的管理统筹。通常，实施 SCRM 管理的企业会特别管控以下方面，如表 8–1 所示。

表 8-1 SCRM 操作的内容说明

统筹方面	具体管理内容
给消费者打标签	企业根据消费者属性、习惯、消费力、意愿度、动机等，进行精细化的标签系统设置，部分企业甚至会设置 200 多个甚至更多标签
设置阶段性服务	任何品牌的活动都涉及消费者获取、转化、留存、升级、推荐、复购等问题。企业可以借助 SCRM 进行品牌营销的阶段性目标，并拆解到具体运营指标上
提供最恰当的价值输出	对于与品牌匹配度高的消费者，应提供最适合的价值输出，比如，在产品、促销、服务、活动、合作共创衍生品、新概念、新产品等方面，每个消费者可能会有针对性的需求，可以针对性地予以满足

当然，我们也要给各个环节以科学测试的机会。毕竟数据是收集来的，价值是测试来的。经过科学的测试，才能确认所收集的数据的价值；通过系统的分析，才能制定更精准的品牌运营规划，进而增大品牌含金量，拉动品牌价值升级。这也是笔者亲历数字营销后的真实经验总结。

四、借助智能化元素开发，呈现品牌的高价值输出

智能化元素也可以应用于品牌产品的开发上。让智能化元素以虚拟形式呈现，或将其与实体产品融合，都会让消费者体会到高科技感，也会自然而然地感受到品牌产品或服务自带的高价值感。

1. 打造场景化体验模式，延展消费的时间与空间

消费场景相当于品牌定位背后的“定位”，它隐藏着消费者作出购买决策的深层动机。对于品牌企业来说，对新场景的定义直接决定该品牌的市场竞争力。

“场景”最初为影视用语，意为：在特定的时间和空间里所发生的行为表现，或者借助人与物关系要素来形成一个具体的画面。我们可以将其理解为“一个通过具体行动来表达剧情内容的特定过程”。一般而言，一个完整的电影故事是通过架构多个场景生成的。后来，“场景”一词被延伸到各个领域，得到了更广泛的应用，比如现实生活中的消费场景。

消费场景指消费者在某种特定的情形下会使用企业的某一种产品或服务，其指向的可能是一段真实可触摸的现实世界。消费场景中会涉及人、物、行为、环境、故事等很多元素。比如，某个项目工作组的数位工作人员，在晚上 10 点加班结束之后，可能会选择去一家 24 小时营业的饭店或夜间经营的饭店吃一顿。海底捞火锅的设计就考虑了这样的消

费场景。

近年来，随着移动互联网时代的到来，各行各业、各种品牌、各个企业都越来越注重对新消费场景的建构。比如，在等车拼车、逛街购物、机械设备运转、手机支付、物流等各领域，都在不断衍生一个个新的消费场景，给消费者惊喜。而品牌或企业要想在移动端平台上影响用户（或消费者），增强用户（或消费者）的黏性，那么就必须考虑要构建一个怎样的场景，才能让用户（或消费者）更愿意去尝试体验，并愿意反复使用该场景应用的载体，甚至由此培养出用户（或消费者）新的使用习惯来。这样，品牌或企业才能在这个领域或场景关联中占据领先的地位，取得可持续发展的多轮获利机会。

以支付型 App 产品为例。2014 年之前，人们大多采用现金支付的形式，且不会主动去使用这些支付端口。所以，企业开始有目的地引导人们积极尝试，逐步熟练应用支付型 App，并逐步形成使用 App 进行购物支付的习惯。

2014 年 1 月 26 日，腾讯财付通平台突然在微信上推出公众账号“新年红包”。人们只要关注该账号，即可在微信中向亲朋好友发送红包或领取红包。这个活动启动后，迅速在各个微信群中活跃起来，并在除夕夜全面爆发。微信官方数据表明，从除夕到年初八这 9 天，有多达 800 万用户参与了这次活动，有超过 4000 万个红包被领取，平均每人抢了 4—5 个红包。红包活动的高峰出现在除夕夜，在最高峰的 1 分钟内有 2.5 万个红包被领取，每个红包的金额在 10 元左右。

2015 年春节前夕，微信红包、QQ 红包和支付宝红包等平台预先做好规划，一时间各路红包涌现。2015 年 1 月 26 日，支付宝钱包的“新春红包”上线。用户打开支付宝，即可在中间显赫位置，看到该功能，发个人红包、接龙红包、群红包、面对面红包，或者讨红包。2015 年 2 月 2 日晚间，支付宝钱包内当天新增的“支持将红包分享到微信”的功能，被微信“拦腰截断”。随后，支付宝快速推出“口令红包”——用户将支付宝红包分享到微信群、朋友圈或者 QQ 时会自动生成的一张带有数字口令的图片，其他人则可以进入支付宝首页，点击“红包口令”，输入数字口令，然后领取红包。虽然操作上有些麻烦，但是并不能阻挡用户分享红包的热情。据统计，口令红包上线后的 3 个小时里，支付宝红包便在微信里传播了 200 多万次。

2015 年央视春晚，微信摇一摇红包引发全民互动狂欢。随后，每年春晚成为众人瞩目的红包战场。继微信之后，阿里巴巴、百度、快手、抖音也陆续成为春晚合作伙伴，启动了一轮又一轮全民红包活动。

为什么这些企业如此重视春节期间的红包活动呢？原因就在于它们在尝试通过红包吸引更多人参与到这个线上消费与支付的场景中，获取移动端支付用户的支持；而当人们形成了移动支付习惯之后，客户黏性随之而来。这些企业通过红包活动，强化了移动支付的机会，为后续的金融产品平台架构和用户价值再转化打下基础。此外，红包活动也增加了品牌应用的呈现机会，吸引了更大的流量关注。

我们可以从一组数据中看到红包大战产生了怎样的后续影响。中国互联网络信息中心发布的第 47 次《中国互联网络发展状况统计报告》数据显示，截至 2020 年 12 月，我国移动支付用户规模达到 8.45 亿。中国人民银行发布的数据显示，截至2020年底，我国移动支付业务1232.20亿笔，金额432.16万亿元。此外，国内手机用户还通过余额宝理财、微信红包、打车补贴和移动端购物等方式，逐步形成了使用移动支付的习惯。

从根本上说，竭尽所能地挖掘10多亿移动支付用户背后隐藏着巨大的经济价值，这是诸多企业在微信开启红包活动之后，年年启动红包大战的原因。对于第三方平台企业而言，如果能够迅速完善其支付生态体系，搭建更多支付场景，那么它们会自然而然地吸引更多消费者（或用户）的关注，更大量的资金将以不同的形式注入，由此创造更大的盈利空间。

时至今日，不只是腾讯、拼多多、快手、抖音，事实上，几乎所有企业都已经认识到了这一点：只要能够构建一个容易被消费者接受、具有典型特征的消费场景，吸引消费者或用户的注意，又能保持长期黏性，那么企业便可以由此布局一个现代商业生态环境，形成一个系统的、完整的商业闭环，由此创造宏大的获利空间。

2. 以高科技为核心支撑，打造智能化的新业态

近年来，越来越多的企业开始借助App来搭设购物场景。这种购物场景具有更方便、更快捷、更有趣、更人性化的特征。在这种购物场景之下，互联网技术与线下购物场景体验被有机结合，购物中心Wi-Fi网络、营销活动互动、VIP体验、社区智能化生活联动服务等被融为一体，形成了独特的“第三生活空间”，吸引年轻一代的关注和参与。

如今，很多购物中心都设有自己的App软件。人们只需在手机上安装一个App，即可享受到更为便利和快捷的新型购物体验。比如，人们

还在自己的家中，便可以打开 App，预先查看购物中心品牌产品的上市信息以及相关商品折扣，预定停车位，在线点餐、在线预订电影票，甚至预约排队。

随后，人们便可以通过 App 定位导航，抵达购物中心，自助寻找提前预订的停车位。而后可以通过购物中心的全域覆盖的 Wi-Fi 免费上网，使用导航技术规划最便捷的路径，快速而轻松地找到自己感兴趣、计划购买的商品，并通过手机完成支付。在线排队到号时，App 会自动提醒人们去就餐或看电影。最后人们还可以通过 App 自助缴纳停车费，而后快速离开购物中心，结束当天的购物娱乐之旅。

在这种智慧化购物场景下，人们借助智能化技术和形式，科学统筹和安排消费活动、处理在此过程中可能遇到的问题，极大地节约消费者的时间，优化其购物过程体验，使之能够更好地享受生活。随着科技商用化的持续深入，这种智能化消费场景还将与时俱进，被进一步完善与优化升级，让消费者（或用户）能够得到更优质的场景体验。

当然，高科技手段的应用并不仅限于消费领域。如今，高科技与教育、文化、艺术、生活服务等方面也实现了紧密结合，形成了一种高科技创新业态。比如，近年兴起的科技展示馆、互动体验式科技中心等都属于高科技作用于商业产品模式上的直观呈现模式。这类企业或品牌，主要通过一种寓教于乐的形式，呈现高科技所承载的玄妙，由此激发消费者（或用户）对高科技的好奇心与兴趣点。

天津 SM 科技馆，位于“SM 滨海第一城”，设有 6 大主题展区，主要内容有：探索地球生物之谜、展现科技与工程之奥秘、探秘医学技术之伟大、了解食品工程之原理、发现能源与交通技术之创新、破解宇宙之神奇。该科技馆采用寓教于乐、生动形象的展品展示方式，激发消费者对自然、科技、宇宙等方面的好奇心，让消费者在遨游知识海洋的过程中对科学技术也能产生浓厚的兴趣。该购物中心的建设项目还运用了先进的5D太空数码影院技术，建造了一个360度的3D球幕影院，该影院设置了近400个座位，其清晰的高分辨率画面及优质的音响系统，让消费者在观影的时候犹如真实置身宇宙中遨游一般。

随着科技的不断创新，未来的消费场景会越来越智能化，高科技因子会与文化、艺术、生活等更多领域实现更高程度的融合，并会衍生出更多新型商品或载体，来满足消费者多种多样的消费需求，推动消费者的消费体验持续升级。

3．开发智能化产品，提高品牌产品的价值感

事实上，任何实体产品一旦被加入了智能化元素，与科技挂钩，无形中就会被人们判断为“高价值”的载体——即便销售价格略高，人们也愿意为高科技含量所承载的便利、安全或优质的体验买单。

（1）居家生活中的智能化产品开发

近年来，人们对居家生活的便利性提出了越来越高的要求。过去，人们主要通过购买人工服务来解放自己的双手。而如今，很多家庭会通过购买智能化产品，来提高生活的便利性。这一点让更多创业者和品牌企业看到了更多的智能化产品及服务落地的场景。

在各类智能化产品中，扫地机器人的需求量和利用率名列前茅。因为扫地机器人具有非常突出的便利、快捷、高效的优势，满足了许多上班族、宝妈、不想处理家务的人以及老年人的生活需求，节省了居家清洁工作的时间和劳动力。

根据 Euromonitor 数据显示，2019 年，全球扫地机器人行业市场规模约为 33 亿美元，渗透率达到 17%；中国扫地机器人销量达到了 544 万台，高于美国、日本和英国等发达国家，这 3 个国家的销量分别为 275 万台、63 万台和 16 万台。从总量上看，中国扫地机器人销量最大。据预测，随着技术进步以及吸尘产品的普及，2025 年全球扫地机器人行业市场规模将达到 75 亿美元，渗透率将达到 29%。

（2）日常出行的智能化产品开发

除此之外，自动驾驶（辅助）是近年来智能化产品开发的热点，不仅国内外汽车企业在研发自动驾驶（辅助）功能，甚至连百度、华为等企业也杀入了这一热门领域。目前，全国各省市已经陆续出台了关于自动驾驶的相关政策，部分城市发放了载人测试牌照。

2020 年 5 月，湖南省长沙市全面开放试乘阿波罗自动驾驶出租车（由百度与一汽红旗联合研发），覆盖的打车范围主要在位于长沙市梅溪湖地区的开放道路，行车路线覆盖了长沙的居民区、商业区及工业园区等实用生活场景。根据部分试乘人员的反馈，这些自动驾驶出租车的车内平板能够显示 360 度视野范围内的障碍物并对行驶路线进行动态预测，清晰地呈现路况信息（包括途经车辆、车道、路口、红绿灯等一系列信息）；同时，伴有限速提示及变道提醒，乘客可以通过屏幕显示情况，来实时关注汽车行进的时速以及距离目的地的剩余里程数等信息。此次开展的无人驾驶汽车试乘服务，是国内首次面向公众开放的自动驾驶出租车服务；虽然自动驾驶出租车在长沙载客上路目前仍属于测试阶段，但这一举措意味着自动驾驶技术已经向规模化落地迈出了至关重要的一步。

截至 2020 年底，北京市累计给 14 家自动驾驶企业的 87 辆车发放了一般性道路测试牌照。累计路测里程超过 221 万公里，其中，载人测试里程超过 102 万公里。2021 年 7 月 27 日，第二十三届中国科协年会分论坛之一的自动驾驶汽车产业落地与示范运营论坛活动，发布了全国首个高速公路自动驾驶测试管理实施细则，首批企业获得了高速公路的测试号牌。

从安全角度来说，目前的自动驾驶技术尚处于辅助驾驶阶段，距离“完全脱离人员干预的自动驾驶”还有一段距离。这也是广大汽车企业和互联网企业在产品技术研发过程中需要着力攻克的难点。

（3）娱乐生活中的智能化产品开发

当然，智能化载体也并不总是如此高科技。在我们日常生活中，更多看到的是一些设计简单、轻松愉悦的科技载体。

以科技与文化融合形成的智能化载体为例。一些游乐园利用高科技、高品质的元素进行商品策划和互动的设计，搭建出“70 后”“80 后”的童年回忆主题项目，如：黑猫警长、迪士尼的米奇和唐老鸭主题乐园。在这些游乐园里，那些带着消费者美好回忆的动漫形象因高科技元素的融合，显得更具有现代的气息，更贴近当下的生活。

未来经济学家阿尔文·托夫勒在《未来的冲击》中写道：“未来经济将是一种体验经济，未来的生产者将是制造体验的人，体验制造商将成为经济的基本支柱之一。”在未来，开发系统安全的智能化产品，在传统产品中融入智能化元素，激励消费者在智能化产品方面的消费行为，或许都会成为品牌企业重点关注和加大投入的方向。

第九章

评估品牌价值产出，持续强化品牌效果

品牌资产主要体现在品牌的核心价值上。而“品牌价值”的核心内涵是，品牌具有用货币金额表示的“财务价值”，以便应用于市场交换。因此，对品牌价值产出做有效评价，持续强化品牌效果，便成为企业实现品牌价值转化、推进品牌资本化过程中的一项重点内容。

一、选择适合的评估角度，科学评估品牌产出

品牌是品牌名称、属性、包装、价格、声誉、广告等诸多元素的综合体，同时也因消费者认知和体验感的差异而被再界定。在这个过程中，“品牌”逐步变成了“品牌资产”。在品牌争夺市场的过程中，品牌资产被视为最有价值的资产。

1. 以 ROE（净资产收益率）为核心指标，评估品牌价值

对于品牌价值的评价，很多人认为应该以投资回报率作为评价指标。投资回报率是一段时期内净利润与投资成本之间的比率，是衡量品牌营销效率的标准。高投资回报率意味着投资收益与其成本相比具有优势。但是，它更适合评价品牌方在某个期间里投资与产出的效果，通常从消费者眼球、广告展示量和接触范围等这些参与度指标来进行衡量。

所以，对于品牌价值来讲，用这个指标来评价并不太适合，它无法评估品牌营销举措对消费者产生的实际体验感。在这里，笔者更建议使用投资回报率（体验回报率）来评价。一般而言，如果一个品牌的价值较高，那么它往往具有长期、稳定且较高的投资回报率。投资回报率是从长久角度去审视风险、盈利、规模、价值发展的核心组合逻辑。

近年来，越来越多的品牌开始注重消费者实际体验，品牌运营人员也为此分配了更多的预算。投资回报率可以用于量化任何体验的成功程度，证明品牌体验对消费者的直接影响。

在实践中，品牌营销体验会给消费者带来或长或短的影响，这些体验又会在网络上或现实生活中被进一步放大。而在采集投资回报率数据时，可以结合使用数字和模拟跟踪方法，对参与体验的总人数、回复转化率、单次体验时长、社交触达量、分享率、口碑评价等方面进行测量，尽可能确保量化体验的全面性和有效性。

如果品牌在更深层、更全面的感官层面上触及消费者或用户，使之在品牌有效活动中获得了积极体验，这将非常有利于品牌价值的转化。

2. 选择恰当的方法，评估品牌资产状态

一般来说，如果人们都确认某个品牌资产已经弱化了，那么此时再做品牌调整往往为时已晚。所以，理想的状态是提早预测品牌资产状态，低成本地维护品牌资产。那么，企业可以从哪些方面来评价品牌资产状态呢?

在对品牌资产进行价值评估时，通常会依据以下几方面内容来进行估算：一是，通过品牌名称带来的高价优势来估算；二是，通过品牌重置价值来估算；三是，根据股价走势估算品牌价值；四是，依据未来收益预测估算品牌价值。

（1）通过品牌名称带来的高价优势来估算品牌价值

包括品牌知名度、品牌感知质量、品牌联想、消费者忠诚度在内的品牌资产，基本上都可为品牌带来一定的高价优势。一般来说，对于品牌名称能否带来高价优势，企业可以通过消费者调查活动结果来作出判断。比如，询问消费者愿意花多少钱购买某一产品的各项功能和特征（其中一项为“品牌名称”），以此直接衡量品牌名称的价值。

美国汽车公司曾用对“雷诺豪华车”进行这种测试方法。当时，美国汽车公司的工作人员向消费者展示了一辆无名称标记的车型，问他们愿意花多少钱购买。然后，又展示了贴有不同名称的汽车，并作出同一提问。结果显示，消费者愿意花1万美元购买那辆没有名称标记的车型；而对贴有雷诺豪华车名称的汽车，则愿意多支付3000美元。后来，克莱斯勒公司收购了美国汽车公司，雷诺豪华车也变身为“鹰牌豪华车”，其售价果然接近调查中显示的价格水平。

除了上述方法之外，也可以通过观察市场的价格水平来判断不同品牌的差异。例如，同类产品的价格水平如何，不同品牌产品的价格下降幅度如何，在应对竞争对手的价格调整时采取怎样的态度；等等。特别是在市场爆发价格战时，资产价值高的品牌往往只会损失极少的份额，只要将相对价格略微下调，即可收回份额。

（2）通过品牌的重置价值来估算品牌价值

品牌重置指重新建立一个相似品牌。在19世纪80年代，基德·皮博迪公司做过调查，结果显示：一个品牌推出新产品的成本在0.75亿~1亿美元，成功概率在15%左右。如果企业开发并推出新产品的成本在1亿美元，成功概率为25%。按照这种模式平均下来，企业如果想开发4款产品，则要花费4亿美元，如此才能确保其中一款在市场上取得成功。

当然，随着时间、市场的变化，从调查结果中看到的金额会有所不同。但是，它给我们一个启示：企业研究建立相似品牌、相似业务的成本，也是判断品牌资产的一个好方法。

对于投资者来说，收购一个市场成熟的品牌，其预期前景可能并不比自主开发新产品差。而对于品牌持有者来说，售出一个品牌，也可能比继续持有品牌产生更多的利润。

（3）通过股价走势来估算品牌价值

芝加哥大学卡罗尔·西蒙使用过这种方法，依据股票价格来评估公司品牌资产的价值。其理论依据是，股票市场可以调节企业的价格，由此反映对应品牌的前景。

品牌资产应为品牌年龄（品牌越老，资产越多）、广告累积（广告创造资产）、广告在行业中占有的份额（当前广告份额与定位优势相关）的函数。使用该方法时，要计算出品牌企业的市场价值（股票价格与股本总数的函数），然后减去有形资产的重置成本，将得到收支差额（无形资产）。最后，再将其分为三个部分：品牌资产的价值、非品牌因素（如研发、专利）的价值和行业因素（如法律法规、产业集中度）的价值。

（4）通过未来收益预测来估算品牌价值

通过估算品牌未来收益，来判断品牌资产的价值，这是衡量品牌资产的最佳方法。在操作时，可以先估算当前收益，然后乘以收益的倍数。需要注意的是，对当前收益估算时要扣除特别费用。如果当前收益反映的是上升或下降周期，那么当前收益的代表性不足，就可以从过去几年的收益数值中取平均值。品牌的收益倍数范围为 7—12 或 16—25，不同行业的情况有所不同。

在实践中，有些品牌可能需要五六年才会更新换代，因此很难评价品牌资产是否弱化。如果品牌方在品牌资产受损的前两年就能有所觉察，那么品牌持有者还是有机会去强化品牌资产的。事实上，很多品牌持有者都是在创立品牌、优化、调整、重塑的不断变化中，持续组织和沉淀品牌资产，这是确保自身在市场竞争中占据有利地位的根本原则。

二、持续探索与创新，逐步实现“品效合一”

“品效合一”是品牌价值管理的基本目标，它是指品牌营销时要同步实现品牌影响力的提升和品牌销量的增长。在如今的品牌营销场景下，真正有价值的“品效合一”并不是简单的品牌广告与效果广告结合，也不是简单地以销量评估广告好坏，而是探索品牌产品转化的有效路径和方式，去缩短品牌转化路径和提高转化率。

1. 开发产品的新用途，增加品牌价值感

探索并开发品牌的新功用，可以突破品牌市场销量滞涨的瓶颈状态，甚至复兴曾经盛极一时、而今走向衰落的产业。比较经典的就是美国杜威公司的小苏打营销案例。

杜威公司是美国最大的纯天然小苏打生产商。它创立于1846年，以烘焙小苏打为主要产业，当时被美国人视为家庭烘焙面包时的必需品。至19世纪后半叶，商业烘焙面包出现，家庭烘焙面包逐渐让步，小苏打的销量停滞不前。二战之后，该公司发掘出小苏打的清洁功能，符合洁牙要求，又开发出牙膏生产业务。再后来，该公司又陆续开发了洗衣清洁、除臭等产品。

为了更好地呈现品牌特性，该公司发布宣传广告，不断地向消费者暗示：小苏打还具有充当冰箱除臭剂、洗碗池除臭剂、游泳池除味剂、

宠物除臭剂等诸多功能。在品牌宣传与推广的刺激下，产品销量实现了突飞猛进的增长。

一般而言，企业品牌一旦面向市场，消费者往往对其用途的认知是相对固定的，认为某个品牌产品对应一种功能，而通常不会主动探索产品的新用途。此时，就需要品牌方通过寻找新用途或者新用法，拓展品牌产品的新机会。

燕麦片最初的食用方法就是加水熬粥。后来，人们在其中加入牛奶，探索出“牛奶燕麦粥”，部分奶制品公司还由此获得思路，开发了燕麦牛奶。再后来，有企业对燕麦片进行烘焙，开发出“干麦片”，并拓展出更多省时简便的食用方法：可以干吃、搅拌酸奶冷着吃、可以装点糕点，等等。

一举多得，这会让人们对品牌产品产生相对较高的价值评价；品牌产品的新用途，会为消费者带来新兴趣，自然也就带来了市场销售额的新一轮增长。当然，新用途最好通过市场调查来确定，明确消费者过去是如何使用该品牌产品的，在此基础上去开发更多功能和应用方向。

2. 入驻具有潜力的新市场，探索新的机会

除了开发新用途之外，企业要想让品牌价值持续增长，还有一种方法：进入具有增长潜力的新市场。新市场代表了行业内尚未开发的潜在销售量。有时候，只需要对品牌产品在已有产品的基础上稍做改进和优化，即可满足新市场的要求，成功开拓新的价值空间。

德州仪器是一家以开发、制造、销售半导体和计算机技术闻名于世的企业。在1967年，德州仪器发明了手持计算器。当计算器市场日益成熟之后，德州仪器看到了之前被人忽略的女性计算器市场。他们在调研中发现，大约有60%的计算器由女性购买，但专为女性设计的计算器几乎没有。德州仪器的做法是将计算器设计为一款时尚饰品。

这款计算器被取名为纽昂斯（Nuance），产品外观精致，颜色柔和，设有弹簧锁盖——当计算器放入钱包或公文包内时，锁盖可以保护计算器。计算器上的橡胶按键采用了流线型设计，使得按键的触感极为舒适；按键排列是错开来的，从而减少了使用者同时按到两个键的可能性；计算器内里还设有太阳能装置，即便光线较弱时，也可以正常使用。德州仪器的做法为其计算器市场开拓了新领域，部分女性甚至将其当作饰品纳入购物清单。

那么，我们可以从哪些角度探索新市场或选择新市场，以此来为品牌创造新的业绩增长点呢？

一般而言，我们需要考虑各种各样的细分变量，如年龄、地理位置、利益诉求、性别等，从而发现具有销售潜力的细分市场。如果可以对这部分群体的需求加以满足，那么这些细分市场就会成为品牌持续发展的新机遇。德州仪器的“纽昂斯”就是从消费者的性别角度出发，锁定了这个计算器细分市场，并确定德州仪器可以适应其需求并为自身增加价值的。事实证明，他们的这一探索和尝试是较为成功的。

此外，我们还可以在成熟甚至衰落的行业中另辟蹊径，挖掘一些具有增长潜力的细分市场。比如，在成熟的啤酒行业中探索清淡型啤酒和无酒精啤酒等，都属于具有增长潜力的细分市场；在食品行业中探索无糖、低脂、高纤维等类型，这些也都属于具有潜力的市场。

三、锁定品牌溢价目标，保障品牌经营安全性

对于同一类商品，一个品牌设定的市场售价要比竞争品牌的售价高，这展示的就是品牌的溢价能力。不过，品牌溢价能力较强，通常也意味着风险较大。对于企业和投资者来说，必须慎重考虑品牌经营的安全系数，不断优化品牌，保障品牌溢价目标的实现。

1. 科学规划品牌系统，提升品牌安全系数

在商业经营中，部分企业会选择经营单一品牌，呈现品牌专一性；也有一部分企业，会着力打造品牌系统，以期为品牌和企业创造更多市场机会。此时，就需要对这些品牌进行科学的管理，使各品牌之间关系明晰、高效协同，通过品牌支持和借力更好地发挥各个品牌的市场潜力。

这个管理过程是从对品牌系统规划展开的。品牌系统规划通常从以下类型进行考量，包括战略品牌、系列品牌、延伸品牌、背书品牌、合作品牌、品牌利益、品牌总量。

（1）战略品牌

战略品牌指那些关系企业长期战略发展的、应该投入更多资源的重要品牌。值得注意的是，这部分品牌所涉及的产品或业务，可能当下就已经为企业创造了不菲的利润；也可能在如今看来其创造的利润并不丰厚，但是会在未来成为企业的主要销量和利润贡献的品牌。

（2）系列品牌

系列品牌指那些被归于同一个品牌名下的多个产品或服务。概括地说，企业需要确认系列品牌的真实情况，比如：系列品牌下的具体产品内容有哪些？该系列品牌的品牌识别符号是怎样的？品牌识别符号在各种环境中的作用效果如何？未来的系列品牌是什么？该系列品牌是否可以为其他产品品牌提供背书？等等。

（3）延伸品牌

优秀的企业品牌可以考虑通过横向延伸或纵向延伸，创造更多盈利机会和盈利空间。通常，企业应从品牌延伸效果来确认品牌的延伸性，比如：企业拥有的品牌是否适合进行水平延伸或垂直延伸？其具有的哪些形象元素适合被作为着力点？在横向或纵向进行品牌延伸时，应当采用怎样的品牌战略？该品牌是否有助于发展子品牌？如果发展子品牌，是否可以让品牌形象更加深入人心？

（4）背书品牌

背书品牌指那些位于产品品牌与服务品牌背后的那些支持性品牌。企业在规划背书品牌时，不妨思考以下问题：哪些品牌是可以扮演背书者的角色的？这些品牌是怎样为本品牌实现增值的？这些可供背书的品牌形象与自身品牌之间是契合的吗？是否已有现实案例来证明这一点？是否需要增加背书品牌的数量？是需要更多地宣传背书品牌，还是直接切断与背书品牌的关联？综合考虑上述问题之后，再确定本品牌的背书品牌以及关联问题要如何处理。

（5）合作品牌

企业需要确认：自身品牌是否需要考虑与其他品牌合作？目前有机会与

哪些品牌合作？哪些类型的合作品牌能够减少自身品牌识别的局限？哪些类型的品牌能够强化自身的品牌识别？在合作中，自身品牌应该成为一个修饰品牌还是一个被修饰品牌？可以在什么时候启动合作，以及采取怎样的合作模式？等问题。

（6）品牌利益

品牌利益指品牌为消费者提供的之所以购买该品牌产品的利益或理由。具体地说，企业应以什么样的产品、服务特色和要素来吸引消费者多次购买并自主推荐？企业的品牌利益目前是否已经得到充分开发与利用？企业如何通过品牌化的行为来实现品牌增值效果？等等。

（7）品牌总量

对于任何企业来说，都必须确保其品牌系统所覆盖的品牌总量是适宜的。对此，企业需要确认企业共有多少个品牌？品牌数量是否太多或太少？在决定增加或减少品牌时，是以什么作为判断标准的？这些判断标准是否被验证有效，能够提高品牌系统的总体价值？

企业进行品牌审计时要综合考虑上述各类中的各个问题，从根本上减少品牌风险的出现频率，进而做好品牌风险预警和管控。

2. 持续积淀品牌，保障品牌溢价效果

很多品牌都拥有上百年的历史积淀，但是，人们并不觉得它们身上带着陈旧感；恰恰相反，它们在市场上一直屹立不倒。

可口可乐创立于1886年，被人们称为“全世界最为成功的百年老店”之一。在世界各国，一代代年轻人几乎都是可口可乐的消费主力。

为什么这个古老的品牌一直没有出现品牌价值流失呢？这是因为：可口可乐一直在为这个老品牌注入新的内涵，从而使可口可乐长期成为年轻人的偏爱。

自 1886—2010 年，可口可乐打造了很多的经典广告语，如表 9–1 所示。

表 9–1 可口可乐的广告语（部分）

年份	广告语	年份	广告语
1886 年	请喝可口可乐	1979 年	可口可乐，一杯在手，喜笑颜开
1904 年	美味与清新，满意尽在可口可乐	1986 年	追赶潮流
1906 年	最棒的非酒精饮料	1990 年	挡不住的真实
1922 年	渴望，没有理由	1993 年	永远的可口可乐
1932 年	冰凉的阳光	1996 年	这就是可口可乐
1942 年	不论何时何地，只要你想起清新的感觉，你就会想起可口可乐	2001 年	活力永远是可口可乐
1946 年	世界友谊俱乐部——只需要 5 美分	2003 年	享受清凉一刻
1951 年	好客与家庭的选择	2005 年	要爽由自己
1957 年	好味道的标志	2009 年	畅爽开怀
1963 年	有了可口可乐，一切变得更加美好	2016 年	品味感觉
1971 年	我拥有可乐的世界	2020 年	畅爽年味从这一口开始

可口可乐的营销口号突出了可口可乐“既经典又时尚”的品牌形象，以精简的语言传达主题，并不断采用各时期最走红的青春偶像或者体育明星担任形象代言人，使之在各个时期年轻人的心里留下了深刻的烙印。

此外，可口可乐公司还不断追求产品成分的多样化，为市场消费群体提供了多样化的选择。比如，“可口可乐”系列的产品（可口可乐、不含咖啡因可乐、不含糖的可乐、健怡可口可乐等），还有一些非可乐系列的产品（如雪碧、芬达汽水等）。可口可乐公司持续推出新产品，极大地丰富了可口可乐品牌的产品序列和品牌形象，持续地为可口可乐家族注入新鲜血液。

可口可乐公司通过具有差异化的品牌表达和产品创新开发，让消费者充分感受到可口可乐与时俱进、不断自我创新的一面。而其营销方式的变化，又让这家百年企业能够不断顺应新的市场潮流和新一代的消费者群体，进而持续保持该品牌的溢价效果。这种品牌经营逻辑是值得很多企业学习和借鉴的。

四、重视品牌幻化，推动品牌持续增值

品牌幻化是基于已有属性的延展性变化。在实践中，企业人（特别是创始人）形象往往会成为品牌价值幻化的基点。

1. 幻化的本质：让形象与品牌得以有效融合

企业人或创始人形象常常被幻化为一种品牌符号、品牌标签，承载着某种特征明显且强大的品牌唤醒功能和品牌延展功能，引起社会大众的关注，并与之建立持续而有黏性的关联。对于企业来说，这种个体形象的打造并不需要刻意投入过多资本，但由此带来的品牌影响却是难以估量的，这就是品牌幻化哲学的作用力。

如果那些知名度较高的、有一定社会影响力的企业创始人，能够亲自为企业代言，往往可以节省大量的品牌营销费用，甚至对企业的流量聚集、业务发展、招商融资等带来极大的助益。

不管是在机场还是地铁站，我们经常能看到很多广告牌上的代言人就是公司的创始人，所覆盖的领域有餐饮行业、培训行业、美容美发行业等。这样做一是能节约大量的广告费用，二是能让品牌资产在自己身上得到持续累积。

2. 关注创始人品质给品牌价值带来的影响

品牌价值会随着创始人的价值变化而变化。一般而言，当创始人的个人

魅力提升时，品牌也会随之增值。

创始人的个人品质常常会被幻化为一个企业品牌的标签或特质，直接影响人们对品牌价值、品牌属性等方面做出评价。比如，人们在谈及任正非时，常常会谈及在机场独自打出租车而不要求公司安排专人专车接送，和员工一起在食堂排队打饭用餐等。这些故事让人们看到了任正非身上艰苦朴素、艰苦奋斗的品质，而社会大众也因此对华为这个具有浓重的任正非色彩的企业产生了“艰苦朴素、艰苦奋斗”之类的品牌印象。而董明珠、雷军等人也是如此，人们从企业领导人（创始人）身上看到了很多优秀的品质，随之将这种美好的标签属性赋予了企业。企业品牌则因这种连带效应获得了市场流量，提升了品牌价值。

当然，当创始人遇到负面影响时，品牌价值也会随之降低。比如，2018年，京东创始人刘强东因明尼苏达州事件受到重创，不仅导致个人名誉受损，其个人也于2020年卸任京东大量高级职务；而京东原本的战略规划和业务拓展计划也因此事而受阻，其股价一度腰斩。这也是创始人因素给品牌价值带来的负面影响。

可以说，品牌创始人本身所承载的标签、属性、基调，与品牌价值的幻化效果是息息相关的。因此，在品牌建设之初就要对此有所规划，并确保品牌创始人形象的正能量导向和长期一致性。这是实现品牌价值幻化的基础。

3. 创始人制造事件营销，拉动品牌价值提升

如果企业创始人能够抓住热点，比如与那些被社会大众普遍关注的社会新闻和事件、那些时下较热的正面人物等做出恰当的关联，或采取被社会舆

论认可的行为举措，往往可以为品牌价值增分不少。

在 2013 年 CCTV 的年度经济人物颁奖典礼上，格力电器董事长董明珠与小米公司的董事长雷军在颁奖晚会上互相调侃，雷军说：“五年内小米的营业额会超过格力，打赌一块钱。”而业内闻名的“铁娘子”董明珠则一下把价码升级至 10 亿元人民币，赌注是小米在五年之内的销售额绝不会超过格力电器的销售额。

2014 年 3 月，董明珠接替成龙，成为格力的代言人，并且携手万达集团董事长王健林共同出镜格力新广告片。作为格力电器董事长，她是格力最好的代言人。所以，董明珠和格力不仅节省了明星代言费，还让企业有了更多自由发挥的空间。

2015 年 3 月，董明珠身处中山大学博学大讲堂“传统企业的突围成长”主题活动的现场时，颇为高调地宣布：“格力手机已经面向市场了，我现在就在用格力手机。”同时，她非常顺手地拿出一部真正由格力制造的手机。据称，这款手机是由格力的六个研究院齐心协力，一起研究了一年半的时间才得以设计出来的，其功能非常强大。

2020 年，包括家电业务在内的诸多线下业务销售量大大受限。66 岁的董明珠不得不亲自上阵，在网络平台上开直播，为格力电器带货。两个月时间里，她开了 5 场直播，成功带货 178 亿元。

在社会的普遍认知中，格力电器一直是传统制造业和家电行业的代表企业，它与高科技互联网行业之间并无太大关联。但是，董明珠通过与雷军的“十亿元赌局”，建立起一种强力的关联；又以各种特别的言论吸引了大众注意力，使格力电器在上市之前一直处于被高度关注的状态。从某种程度上来说，董明珠是在利用自己的企业家身份和社会影响力，为格力公司做了一场免费的、长达一年的、却足够吸睛的品牌营销活动。在一众网红带货的平台上，当年已 66 岁的董明珠再次上阵，再一次给格力带来新一波的热点关注。

我们必须承认，多年来，董明珠早已与格力融为一体，其本人刚直果断，从不缺少媒体关注度——她是格力最好的代言人。而对于企业或个人品牌来说，这也是一个启示：创始人或企业人都可以成为企业的品牌价值载体。让他们更好地呈现企业价值，开展对应的传播活动，这是促进品牌幻化效果的极好途径。

五、重塑品牌，激活沉睡用户，为品牌资本再加码

当品牌建设已经进行到一定阶段时，企业也需要尽早判断品牌资产状态。如果能够及早预测到品牌资产会在未来某个时段出现扩充无力或衰减的情况，则要考虑品牌调整调性或转型，必要时重塑品牌，这样才能为品牌资本再加码。

1. 实施品牌重塑，推动品牌资产实现再增长

如果确认品牌资产存在受损的迹象，企业就需要考虑品牌调整或重塑策略了。

AIG是一家以美国为基地的国际性跨国保险及金融服务机构，曾因2008年的金融危机被全世界人民知晓。在这样的背景下，它的品牌形象、品牌意识、品牌使命、品牌调性的选择，都必须极为谨慎。基于此，考虑到AIG是1919年首先在上海建立的。因此，决定从中国上海市场启动品牌重塑项目，希望借由品牌重构的操作，用资产化的视角去考虑业务增值，由此实现品牌资产提升。

当时，AIG有11条业务线，包括责任险、企业险、旅行的个人的健康意外险和车险等各种各样的险种，希望借由品牌重启，加大加强品牌的推荐力度，在市场上形成口碑效应，加快发展车险业务。为此，AIG拆解出两个目标：一是，找到一个与业务契合的核心点，而且不违背整

个品牌的全球化重塑的基本调性、愿景、使命、核心信息和价值呈现。二是，将品牌重构要求延展到中国区总部及所在的 5 个分支机构，最好是深入到伙伴、消费者群体中，形成一定的口碑。而如果能够在此基础上，通过某种营销传播方法，使得监管机构认可品牌举措的话，那么将会对品牌重构工作产生更加积极的推进效果。

基于上述考量，团队构思了一个叫“safety advocate”（安全倡导者）的理念，这与 AIG 全球的安全理念是高度吻合。在此理念下，AIG 将道路安全结合车险业务、旅行安全结合旅行业务、食品安全结合产品责任险等，一一架构起来。以道路安全为例，AIG 联合了保险行业协会，联合了公安部的中国交通道路安全协会安排了“进校园、进课堂、进社区、进企业”活动，以公益宣传的方式倡导中国道路安全意识。

当时，AIG 还通过微博来进行活动记载，倡导大家重视道路安全和驾驶安全；与中国社会科学院一起联合发布蓝皮书，让大家了解中国道路安全的现状；参与设计了央视的公益宣传片，倡导道路安全意识的培养和提升，并最终得到了央视优秀公益宣传片奖。此外，我们还匹配了一些品牌重塑动作，比如：在正大广场等场所，投放了较大的户外广告，以形成聚合效应。

就这样，AIG 获得了监管机构、合作伙伴的广泛认可，取得了外资车险的第一张牌照。而这一系列的活动和多方认可所带来的最终结果就是推动了品牌业务的增长——仅在当年，车险业务销售额就超过了预期目标的 20%。

可见，对于品牌形象受损的企业来说，如何寻求新的突破点，进行品牌重塑，这是非常重要的一个问题。在实践中，企业可以考虑多方面进行调整，比如在品牌调性、品牌形象等方面进行调整，使之适应新消费者群体的需求。

2. 有效激活沉睡用户，以用户价值拉动品牌价值

在品牌资产评价过程中，如果发现存在“品牌本身被认可，但用户价值并未被充分激活”的现象，则需要考虑调整品牌营销策略，强化品牌有效触达，设计高频互动过程。在这里，笔者以亮丽宝石健康促进干预产品的品牌力构建项目（以下简称“亮丽宝石项目”）为例，来阐述一下如何有效触达用户，让用户价值拉动品牌价值提升。

（1）创意规划营销场景，让触达过程更有效

有效触达指用户接收到品牌方的主动行为和概念传递，品牌与用户之间呈现高频互动行为。笔者在运作“亮丽宝石项目”时，就特别规划了一些营销场景。比如，在2020年新冠疫情发生期间，笔者发现：我们的客户（保险公司）的大多数用户平时处于“沉睡状态”，而疫情的出现催生了用户对于个人健康的焦虑感。在这样的背景下，就可以设计一个对应的营销场景，让品牌方能够触动用户，让相对低频的互动行为转化成高频互动行为。

所以，笔者进行了这样的场景设计：作为综合援助平台性的服务机构，可以去做一些预防性的关怀提示，以及在疫情期间对人们健康情况的初步引导。比如，当人们出现身体不适时，可以通过7×24小时工作的口袋医生进行初步问诊，随时随地可以与医生视频沟通，得到初步服药或筛查病情的建议；必要时，再到指定医院去做进一步的治疗。在有效触达之后，再展开跟进式运营。比如，服药建议、送药方式；门诊病历的随访、一对一的电话医

生或者视频医生的跟进互访。这些服务都可以通过保险的方式来转嫁风险。

这些都是疫情期间高频的、刚需的场景。通过设计这样的场景，使品牌方更好地触达用户，同时也使之对品牌方的产品和服务产生一定的需求。这样一来，客户、用户与品牌方的价值得以串联起来。

在此基础上，品牌方还可以通过授权数据得到更精准的用户画像，例如用户的爱好、日常身体指征、健康情况等。然后，据此推荐合适的健康管理产品或服务与相应的保险产品。这种来自品牌方服务属性的推荐，规避了用户产生“被兜售保险业务”的抵触情绪，却会产生“我选择我需要的保险业务”的积极情感。这也是我们规划的一种场景。

为迎接将来疫情结束之后、国内旅游业有所复苏之后的旅游高峰，笔者规划了一个新场景：游客旅游时会得到一张电子救援卡。在这张救援服务卡上，会记录游客本人的健康信息，如疾病、曾受伤部位、过敏药史，以及发生意外情况时景区周边可提供救援的信息等，并且可以随时随地为游客提供医疗的服务和辅助。在这个过程中，口袋医生、视频医生、随诊服务都处于 7×24 小时预备状态。

近年来，旅游群体越来越多，而防范旅游意外和健康规划也越来越受到人们的重视。所以，这样的电子救援卡一方面解决了游客担忧的问题，提升了景区安全防护水平；另一方面，对于品牌方来说，更是一个营销获客的场景，可以在其中融入产品和服务，将其转化为品牌方的业绩增长点、拓存量、获增量。

（2）设计有创意的传播锚点，让传播更有穿透力

一般来说，人们认为一件事情有趣或有用，才会愿意去传播和普及。这就涉及传播锚点的设计。

以主动干预健康管理为例，将一个人如何有效运动，与其健康记录、保险记录匹配起来，据此设计健康预防管理计划，然后通过数字化方式去呈现、管理、干预、追踪、记录。这需要基于 AI 和人工智能算法来实现闭环式管理。

而从目前的用户调查结果来看，很多人对机器、平台规则是相对依赖的，而自律表现欠佳。面对这样的情况，“结伴”就是一个很好的处理思路。由此，诞生了各种形式的、与健康管理有关的带有竞争性质的 PK 竞赛活动。这种活动，既可以自己发起，可以组团发起，也可以在平台上参加 PK；也可以自己与自己 PK，观察自己体重、形体等变化。

通过丰富的内容和活动的设计来增加趣味性，激活沉睡的用户，同时又通过“结伴”方式获得奖励积分，可以提高可传播性，构成一定的传播锚点，一举达成了激活沉睡的用户、拉动新用户的活动目的。

随着 VUCA（乌卡时代）的到来，去中心化的组织结构形态日益普遍化。如果我们能够设定好规则和示例，那么用户群体（包括现有的沉睡用户、新用户）往往可以自发地参与不同的营销场景和内容活动，自然而然地创造更多的用户价值，让原有品牌资产再加码。

参考文献

[1] [德] 沃尔夫冈·谢弗、J.P. 库尔文:《品牌思维》，李逊楠译，古吴轩出版社 2017 年版。

[2] [瑞典] 托马斯·迦得:《品牌化思维》，王晓敏、胡远航译，中国友谊出版公司 2020 年版。

[3] [美] 艾·里斯、劳拉·里斯:《品牌 22 律》，寿雯译，机械工业出版社 2013 年版。

[4] 徐适:《品牌设计法则》，人民邮电出版社 2018 年版。

[5] 刘国华:《品牌形象论著》，人民邮电出版社 2015 年版。

[6] 官税冬编著:《品牌营销：新零售时代品牌运营》，化学工业出版社 2019 年版。

[7] 黄于庭:《品牌之前，设计之外：解构设计背后的思考策略与实践方式》，浙江人民出版社 2020 年版。

[8] 李伟巍:《好设计，有方法：我们在搜狐做产品体验设计》，机械工业出版社 2019 年版。

[9] 罗子明、张慧子编著:《新媒体时代的危机公关：品牌风险管理及案例分析》，清华出版社 2013 年版。

[10] [美] 戴维·阿克:《创建强势品牌》(珍藏版),李兆丰译,机械工业出版社 2018 年版。

[11] [美]理查德·克莱沃宁:《你的品牌需要一个讲故事的人》,陶尚芸译,中国友谊出版公司 2018 年版。

[12] 李艳:《品牌崛起:成功品牌的顶层设计》,化学工业出版社 2018 年版。

[13] 朱百宁:《自传播:为产品注入自发传播的基因》,电子工业出版社 2017 年版。

[14] 孙亚彬、孙科炎:《婴童经济 4.0》,人民大学出版社 2019 年版。

[15] 孙清华:《引爆品牌卖点》,人民邮电出版社 2017 年版。

[16] 丁俊杰、陈刚:《广告的超越:中国 4A 十年蓝皮书》,中信出版社 2016 年版。

[17] [美] 道格拉斯 W. 哈伯德(Douglas W. Hubbard):《数据化决策》,邓洪涛译,广东人民出版社 2018 年版。

[18] [美] 伊恩·艾瑞斯:《大数据思维与决策》,宫相真译,人民邮电出版社 2014 年版。

[19] [比] 史蒂文·范·贝莱格姆:《用户的本质》,田士毅译,中信出版社 2018 年版。

[20] 吴军:《智能时代》,中信出版社 2016 年版。

后　记

闻悉本书即将出版，不胜感慨。这本书从最初的调查研究到中途的设计与写作，以及随后的出版审阅等，都是经历了艰难而且辛苦的过程，这也是一个自我学习的过程。之所以这样说，是因为在过去的一段时间里，围绕这本书的研究与写作，我得到了各种各样的帮助，这些帮助包括心智上的点拨、具体写作过程的指导和资料收集论证上的协助。

在此，对帮助过我的人衷心地表示感谢！